寻找现代中国

穿越法政与历史的对谈

寻找现代中国

穿越法政与历史的对谈

高 全 喜　著

法律出版社 LAW PRESS · CHINA

高全喜　1962年10月生于江苏省徐州市，籍贯河北省唐山市。1979年至1988年，就读于南京师范大学中文系、吉林大学哲学系和中国社会科学院研究生院。1988年获中国社会科学院哲学博士学位。自1989年起，曾任职于中国社会科学院研究生院和法学研究所，历任副教授、教授和研究员。2008年转聘于北京航空航天大学法学院，任教授、博士生导师。2011年至今担任北京航空航天大学人文与社会科学高等研究院院长。研究领域为法理学、政治哲学和宪法理论。二十年来在海内外出版的学术专著有：《法律秩序与自由正义》、《休谟的政治哲学》、《论相互承认的法权》、《现代政制五论》、《立宪时刻》、《政治宪法学纲要》等。

自　序

本书收录的大致是我自2011年以来在报刊杂志发表的一些访谈录。

这几年我的学术研究有所转变，以前主要关注的是西方法政思想，无论是个人研究，如休谟、黑格尔、哈耶克，还是专题研究，如政体、主权、宪制，均是以西方的思想人物和理论主题为对象，中国问题意识只是隐含在背后。对此，我的内心是有所不甘的，故而在拙著的"后记"中，总是不忘提醒自己，该就此搁笔了，我又不想仅做一个专家式学者，研究中国问题才是我的所愿，西方思想资源只不过是一个拐杖，真正推动中国社会变革的动力还是在中国社会本身。其实，这种想法不仅我们这代人有，前辈学者如梁启超、胡适、张君劢等先生也都是如此。我们这代人延续了这一学术路径，不单纯将西方作为自己的学术对象来认识，到头来，为的是更大尺度、更为开阔地审视中国。2011年是一个转折年，我前面的研究有的结束了，有的中断了，于是转向中国，标志就是《立宪时刻——论〈清帝逊位诏书〉》。虽然这本小册子未必完善,对我也未必有多重要,但却使我真正有了一个进入中国的议题,此后我的学术研究重心转向中国,尤其是中国百年政治与法律制度的生成与演变。我不像一些学者那样偏好三代之治、秦汉制度等,这些固然重要,但毕竟过于遥远,以至于在当今早已面目全非了,我的关注点是鸦片战争以降的现代中国的文明转型,尤其是古今之变、中西交汇视野下的法政制度、思想观念诸问题。据此,这几年我撰写了一系列论文,形成了一套有关现代中国的法政叙事,并以《政治宪法学纲要》为书名结集出版。

伴随着中国思想界与知识层面中的法政意识的凸显,以及百年中国历史叙事的红色去魅,这几年也不时有报刊杂志的编辑与记者就相关问题访谈我,对于我来说,这也未尝不是一种新的表述方式。但我总是不愿做简单问答式的访谈,而是更愿意把访谈视为一种对话,一种思想交锋语境下的探讨与论辩。其实,这类对话是更为古老的思想文本,无论是中国的《论语》,还是西方的《理想国》,它们都是对话体或访谈体的典范。为此,我要感谢与我对话的诸位朋友:马国川、田飞龙、王锴、宋学鹏、周绍刚、唐丹尼、张绍欣,以及刊发这些访谈的《文化纵横》、《二十一世纪》、《上海书评》、《南方论坛》、《法治周末》、《东方历史》、《学术前沿》等,是他们提供了一种场景和机锋,激励我把中规中矩的专业论文转化为一种活的话语,伸展至广大读者的视界。从某种意义上说,这本对谈录与我刚提到的论著,构成了姊妹篇,它们关注的是同一个问题,论说的是同一种叙事。我感到幸运的是,自己居然扮演了两个角色,撰写者与对话者,当然,我们更为期盼的是行动者。法政与历史,都是干出来的,就此而言,伟大的诗人歌德在

《浮士德》中把“泰初有道”改为“泰初有为”，与中国传统的立德立言立功，其精神理路是相同的，真所谓条条大路通罗马。

最后，我要感谢法律出版社以及编辑高山、李峰沄，没有他们的鼓励与敦促，我的这本访谈录是难以面世的。

2014年3月10日于北京西山寓所

目录

第三编 我襟在兹

第一编

历 史 钩 沉

宪法出场，革命退场

高全喜　马国川

中华民国的宪法基础是什么？

马国川：辛亥革命100周年是今年学界的一大热门话题，我注意到，谈论这个话题的学者，主要是历史学家和思想家，法学家极少关注。作为一位法学家，你能否从法学的视角谈谈辛亥革命？

高全喜：从法学的视角审视辛亥革命，确实有一定的挑战性，也会有新的发现。从以前的历史叙事来看，辛亥革命的功绩就是"推翻帝制，建立民国"。但是如果从法律角度看，马上就有了疑问：中华民国是建立在革命的基础之上的吗？

马国川：难道不是因为辛亥革命推翻了帝制，才建立了中华民国吗？

高全喜：如果我们承认中华民国是一个现代国家，那么那种"革命建国论"就值得推敲。

西方现代国家的构建，大多都是基于各自的宪法，即便是没有成文宪法的英国宪制，也会有不成文的宪法，尤其是一系列宪法性法律文件，它们担负着塑造国家政体的构建性功能，属于“活的宪法”。例如，美国是根据成文宪法《美利坚合众国宪法》立基建国的，而英国光荣革命之建国的基础就是一系列宪法性法律文件，包括1688年的《宽容法》、1689年的《权利法案》、1701年的《王位继承法》，以及历史悠久的《大宪章》等。那么，中华民国建立的宪法基础是什么？

马国川：对于这个问题，辛亥革命前后革命党人，包括孙中山、黄兴、宋教仁等领袖曾经考虑过，他们大体一致的意见是，效法美国及其他成文法国家，通过制定一部宪法为立国之根基。1912年3月11日颁布的《临时约法》是为了随后制定正式的《中华民国宪法》而草创，《临时约法》第54条规定：“中华民国之宪法由国会制定，宪法未施行以前本约法之效力与宪法等。”换句话说，中华民国的宪法基础就是《临时约法》。

高全喜：大家习惯性地认为，《中华民国临时约法》是中华民国立国之宪法，或具有临时性质的中华民国之宪法。可是，至少在清廷退位之前，《临时约法》只是代表了南方（南京）革命政权所诉求的立国之宪法，并不代表全体国民尤其是北方民众的共同意志和政治决断。也就是说，它是以辛亥革命的革命动力而塑造出来的，与革命对立的改良主义立宪派，包括清政府以及南北各省士绅群体，都没有实质性地参与到这个临时约法的宪法创制中来。

《临时约法》的另外一个短板，就是人民制宪问题，这部约法没有从制宪权的高度实质性地解决人民与国家（共和国）的关系：何为人民？何为民国？中国人民以什么方式制宪建国的？依照这部约法的深层宪制逻辑，民国构建是源于国民革命，正是基于这场伟大的革命，才培育、冶炼和塑造出“中华人民”，由这个崭新的现代国民——中华人民，行使制宪权，构建现代国家——中华民国，即一个人民的共和国。这个写进《临时约法》文本中的“中华人民”是如何发生的呢？《临时约法》规定了人民组织国家、享有主权、赋有权利，但是人民为什么能够如此，人民在哪里？人民又是如何制宪的？

马国川：你的这个观点虽然新颖，但是我不敢苟同，因为在革命非常时期，不可能按照学者的想象，大家坐下来心平气和地商量如何制定宪法。事实上，美国宪法不也是一小群人坐在一个房间里制定出来的吗？再者，怎么能够想象，立宪派、清王朝会和国民党人坐在一起讨论建立新国家的宪法呢?！要知道，这个宪法是要“革”清王朝之“命”的。

高全喜：第二个问题的实质，就是建立现代国家能否依赖革命。如果按照革命建国的逻辑推导，那么，革命的对立面一天不被打倒，那么现代国家一天不能建成。如果不能“完全、彻底、干净、全部”地消灭清王朝和立宪派在内的“一切反动派”，中华民国就永远不能建立。事实上，可能吗？

中华民国建立前革命党人之所以进行宪法创制，目的就是通过制宪而构建一个共和国，建国是宪法的实质或目的。围绕着这个建国之制宪目的，就出现了一个所谓的“立宪时刻”。在这个非常的“立宪时刻”，代表人民主权的制宪者，可以是制宪会议，也可以是国会，甚至某些作为主权者的受托人个人组成的小组或委员会，按照正常的制宪程序步骤创制出一部宪法。美国就是通过作为主权者的受托人组成的制宪委员会完成了《联邦宪法》，圆满地度过了大陆会议后几年的非常时期，迎来了一个稳定、繁荣的日常政治的成文法国家宪制时期。

我同意，不能机械地以所谓宪法规范、宪法格式或宪法名目来考察或解读中国的百年宪制，解读中华民国肇始之际的宪法创制。我们要从中华人民这一现代共同体的政治命运之视角来发现和解读中国的宪法。因此，既不能拘泥于既有的宪法文本，也不能单纯从现成的规范主义出发。回到中华民国肇始之际的"立宪时刻"，我们就会发现，现代中国的宪法创制，并不是由一个宪法文本——《临时约法》体现的。我认为，中华民国创制之时的宪法，是由一组宪法性法律所共同构成的，包括《临时约法》和《清帝逊位诏书》两个宪法性法律文件，它们作为姊妹篇共同构成了中华民国创制之宪法，它们才是作为民国肇始之立国根基的根本法。

君主立宪道路一直在走

马国川：把《清帝逊位诏书》作为中华民国创制的宪法，似乎难以服人。先不要说，仅有数百字的一纸诏书能否成为共和国肇始之立国根基，即使从诏书颁布本身来看，也是非常消极被动的。因为大家都知道，在革命形势的逼迫和袁世凯的威吓下，已经没有威权人物的清王朝只剩下孤儿寡母，在被逼无奈之下才颁布《清帝逊位诏书》，情非得已。

高全喜：我认为，古往今来任何一种政治改革都难免有被动性因素，没有危机就没有改革，尤其是关涉古今之变的王朝政治之变革，而且还关联种族畛域问题，所以，动机上的被动与主动与否，不是问题的攸关点。关键还在是否实施，即便是被动的，如果是真切而富有成效地实施了,这个宪制依然是优良的制度。

对于一个崇尚实用主义的中华传统以及臣民来说,清帝逊位没有什么微言大义,这份诏书的宪法性价值也不为人们所看重,一对孤儿寡母既没有政治决断,更不可能对中华民族的未来命运有什么深谋远虑。可是,这只是历史叙事的一个方面,并不是全部内容,它还有另外一个方面,这个方面的意义远远超出了当事人,包括隆裕太后、宣统帝以及袁世凯等人的言行所及之范围,这些人物都没有认识到其中隐含的历史玄机。

自 1840 年鸦片战争以来,中国受到外部力量持续强有力的冲击,这个外部力量不同于传统王制所遭受的游牧民族,而是裹挟着物质力量、文化力量乃至制度文明的现代西方的民族国家。在现实面前,中国开始从传统国家向现代国家的艰难转型,尽管在很长时间里,人们不必知道向哪里转,不知道“彼岸”在哪里。但是人们很清楚,老路子已经走不下去了。甲午海战中国败于日本之后,日本明治维新的成功给中国很大的启示。从日本的经验里,中国隐约看到了“彼岸”的所在。康梁变法就是向这个方向的努力。可以说,现代中国的立宪史就是源自康梁变法。

马国川:遗憾的是,康梁变法没有成功,中国再次回到了老路上去,甚至更加反动。清廷纵容义和团,导致庚子之变,西太后仓皇西逃,清王朝濒于崩溃。而在康梁变法之前,孙中山就已经开始了推翻帝制的革命活动。

高全喜:在日益严峻的外部列强的冲击之下,清廷庞大的旧体制里,一直存在改革力量。但是在甲午战争尤其是戊戌变法之后,产生了明确的分化,原先朝野共同诉求体制内变法图强的主导性改良主义力量,逐渐分化为“革命党”与“立宪派”两种截然不同的“建国路线”。两条路线各自遵循着自己的政治逻辑不断发展演变,各行其是。

就立宪派的演变来看,又可分为两股变法求变的力量。一股是以康梁党为主体在海外发动的、朝野精英中主张体制改革者广泛参与的力量,口号是“君主立宪”。他们创办了多种刊物,极力鼓吹君主立宪,这一派在体制内深得人心,尤其是在野的士绅阶层如张謇、汤寿潜等人早就主张立宪改制,1901 年之后,他们所代表的士绅阶层构成了国内立宪派的主体。另一股来自清室朝廷上层中的改革力量,像张之洞、端方、袁世凯等一些封疆大吏,他们都主张效法日、俄、英等国体制,实行君主立宪,保国、保教、保种,应对日益严峻的内忧外患之危机。随着清廷内外危机的加深,上述两股力量逐渐合流,君主立宪的政治改革成为清统治者不得不走的必然举措。晚清新政就是在这样的历史背景下展开的。

马国川:在革命党人看来,所谓的新政不过是骗局而已,当权者并没有实行体制改革的诚心。所以,革命党人不断地发动起义,屡败屡战。

高全喜:“骗局”之说,至今流传。但是,以清末的形势来看,不变法,统治者只有死路一条;变法,可能还有一线生机。两害相权取其轻,西太后开启政治体制改革,其实是符合清王朝自己利益的。在这个意义上,清末新政是明智的政治决断,不能简单地视为“骗局”。虽然上层的立宪改革并非一帆风顺,但是立宪主义的君宪制改革一直在向前推进。如果以十年为尺度,1911 年的中国和 1901 年的中国已经大不相同,民间报纸、社会组织、谘议局等各个机构等已经有了极大的发展。

费正清说过,“清代从 1901 年到 1911 年的最后 10 年与其说是处于崩溃时期,倒不如说是处于新的开始时期。制度和社会的变革开始较早,而政府灾难直到最后降临。事实上,直到 1911 年为止,中国政府一直按 19 世纪 90 年代所宣扬的,但未见成效的那些方案逐步进行重建……确实,皇太后和顽固派没有其他路可走,义和团战争表明了纯排外主义的破产,而反清叛乱的威胁促使清政府采取创造性的步骤来拯救自己,因此中国政坛上的主要运动就是保守的改革”。

马国川:1911 年爆发武昌起义,立宪主义的君宪制改革就走到了尽头。

高全喜:事实上,与辛亥革命相对应的君主立宪之道路并没有随着武昌起义而终结,在 100 年前这个大变革的历史时期,在关涉现代国家构建的“立宪时刻”,至少有三个方面的政治势力:袁世凯代表的北洋势力和立宪派为一方,革命党人组成的南京临时政府为另一方,第三方就是清朝权贵,以隆裕太后、宣统皇帝为主要担当者的清王室,他们也面临着一次生死攸关的政治决断。他们的决断结果就是颁布《清帝逊位诏书》,这是承接君主立宪道路余绪的一份宪法性法律文件。诏书全文如下:

“奉旨。朕钦奉隆裕皇太后懿旨:前因民军起事,各省响应,九夏沸腾,生灵涂炭。特命袁世凯遣员与民军代表讨论大局,议开国会、公决政体。两月以来,尚无确当办法。南北睽隔,彼此相持。商辍于涂,士露于野。徒以国体一日不决,故民生一日不安。今全国人民心理,多倾向共和。南中各省,既倡义于前,北方诸将,亦主张于后。人心所向,天命可知。予亦何忍因一姓之尊荣,拂兆民之好恶。是用外观大势,内审舆情,特率皇帝将统治权公诸全国,定为共和立宪国体。近慰海内厌乱望治之心,远协古圣天下为公之义。袁世凯前经资政院选举为总理大臣,当兹新旧代谢之际,宜有南北统一之方。即由袁世凯以全权组织临时共和政府,与民军协商统一办法。总期人民安堵,海宇乂安,仍合满、汉、蒙、回、藏五族完全领土为——大中华民国。予与皇帝得以退处宽闲,优游岁月,长受国民之优礼,亲见郅治之告成,岂不懿欤!钦此。"

中国版的"光荣革命"

马国川:《清帝逊位诏书》是按照传统上例行的皇帝退位程序下诏或颁布的,不像《临时约法》是通过临时参议院正式制定的。就其内容来看,逊位诏书也大不同于一般的宪法,尤其是所谓的宪法律,完全没有关于国家权力分配、公民权利保障、国家机构职权定位、议会、政府、司法组织与运作等方面的内容,仅仅只是关涉退位缘由、政权传续、皇帝、皇室优待条件和满、蒙、回、藏各族优待条件。为什么你把这份逊位诏书和《临时约法》同视为中华民国创制之宪法呢?

高全喜:这份逊位诏书的基本精神和核心原则是,赞同共和立宪国体,将政权转让与一个立宪共和国,而不是传统上例行的皇帝退位诏书,将统治权转让给另外一个一家一姓之王朝。这份契约性的逊位诏书,其基本前提是将统治权授予双方都认同的"共和立宪国体",没有双方对此的一致认同,逊位诏书可以说是无效的。正是在这一根本点上,双方达成了共识:建立共和国,这是全体人民的愿望、心声和共同的意志。

为什么说它是一份契约性的逊位诏书呢?因为它对于双方

都有约束力。由于清帝系主动赞成共和,所以民国政府要优待大清皇帝,这是一种政治契约关系。也就是说,《关于大清皇帝辞位之后优待之条件》(以及其他《优待条件》)是宪法性质的文件。《逊位诏书》三道圣旨与《中华民国临时约法》一样,皆属于民国的建国文件,两者共同构成了共和政府的法理基础。人们以往注意到了有关退位与优待条件的契约性关系的清室一方,而忽视了另外一方,即对于未来的中华民国,清室退位是有前提的,这个前提不是优待条件,而是清帝逊位让与的对象(接受方)只能是共和立宪之国体,即中华民国——人民的共和国,而不能是另外一个一家一姓之皇帝。如果从上述这个具有契约论蕴含的宪法视角来解读,我们就会发现,这份逊位诏书其所具有的意义是巨大的,它彻底打破了古代千年盛行的王朝帝制之循环更替的传统,实现了中国政治的古今之变,促使中国从王朝专制统治转变为一个现代的立宪共和国,而且这个立宪共和国还不是君主立宪制,而是人民的共和制,是诏书明文确定的"共和立宪国体"。

马国川:如此说来,这份诏书不仅仅是单方面的被迫退位,而是一份双方都接受并具有约束力的建国契约,具有宪法性法律的意义,即通过这份诏书,一举证成了基于民心的人民共和国之宪法性的根基。

高全喜:诏书中多次申明承认这个"共和立宪国体",不仅是对于革命党人的国家构建之目的性的某种承认和认同,同时也是对于清王朝自己的改良主义立宪改制的某种肯定和认同。因为革命党也是要立宪的,它们不是传统王朝意义上的武装造反,而是要立宪建国,只不过革命党一直排斥清政权,把立宪建国与满清政权对立起来;同样,满清王朝十年来也发起、推动和实施过立宪改制,但是这一轮又一轮的立宪改制在很大程度上是被动的和虚伪的,其目的是维护清王朝的专制统治,保持清王室和皇族的存续,但不可否认的是其中也有一股发奋图强、保国安民的改良主义真精神。这个逊位诏书的“共和立宪国体”从未来中华人民的国家构建来说,又是对于革命党人的革命立宪和清王朝改革派的改良立宪的双重继承和超越,即既继承和超越了革命党狭义排满的种族革命的立宪建国,也继承和超越了体制内顽固守旧于君主专权的君主立宪,而是将它们同归于一个立宪国体,即“共和立宪国体”,这样一来,整个中华数十年来贯穿于体制内外相互对决的不同立宪建国(改制)运动被提升到一个新的阶段,并最终以和平方式安顿在一个最高的“共和立宪国体”之中。

对于传统王朝帝制来说,清室颁布的《清帝逊位诏书》认同并禅让与中华之“共和立宪国体”,无疑也具有“另一种革命”的意义。这个革命不同于辛亥革命之革命主义的“革命”,而是一种中国版的“光荣革命”。清帝退位后的第二天,孙中山在致南京临时参议院的咨文和袁世凯的电报中都使用了“清帝逊位”的说法,实际上默认了清帝退位的禅让性质。伍廷芳在和谈期间的电报中也两次使用“光荣”一词,并认为“清廷以争一君位之故,不惜流全国之血,必为人道所不容”,最佳选择是主动退位以享受“国民之优礼”和“文明待遇”。对于清帝逊位,袁世凯更是高度赞誉:“凡我国民,须知此次改革,为我国从来未有之剏局。非舍故君而代以新君,乃由帝政而变为民政。自兹以往,我中国之统治权,非复一姓所独擅,而为四百兆人所公有。我中华国民,不论满、汉、蒙、回、藏何种民族,均由专制朝廷之臣仆,一跃而为共和平等之人民,实我中华无上之光荣,亦世界罕闻之盛举。”

支持和维护宪法精神的软弱

马国川:虽然《清帝逊位诏书》和《临时约法》共同构成人民共和国的宪法性的根基,可是,二者却存在内在的冲突。因为革命党人是要通过武装起义,推翻清朝专制统治,以此构建共和国。《临时约法》体现的就是这种激进主义的、暴力的非和平方式的"革命建国"。而诏书所申明的,却是和平方式的逊位,即将统治权移交、转让给南北两方通过"议开国会、公决政体"所确定的"共和立宪国体"。前者是革命的逻辑,而后者是"反革命"的逻辑。和平与暴力相对立,革命与反革命不兼容。

高全喜:其实,《清帝逊位诏书》为革命恢复了名义,并以非暴力的和平方式参与了革命建国的历史进程。就这份诏书来看,清室不再把起义视为叛逆、暴乱,而是认可了革命起义的正当性,因为起义受到人民的拥护和支持。诏书将起义称为"民军起事",看到"各省响应,九夏沸腾",诉求共和是"人心所向,天命可知","南中各省,既倡义于前,北方诸将,亦主张于后"。对此,清帝愿遣员与"民军代表讨论大局,议开国会、公决政体"。由此,起义就得到了逊位诏书的正面认同。当然,诏书认同的是旨在建立"共和立宪国体"之目的的起义或革命,而不是其他方式的武装起义,例如,拥军割据、自立为王、分裂独立等形式的武装暴力行为。其实,革命党人的诉求也是革命建国,孙中山早在组建革命党——同盟会时就提出革命建国的主张。这样一来,这份诏书与革命党人的目标达成了一致,取得了和解:凡是旨在构建共和立宪国体的武装行为才是革命,革命是为了建国,故而革命建国成为双方一致同意的基础。

诏书并没有置身未来的共和国构建之事外，反而厘定共和立宪国体之目标，遣员参与商议召开国会，制定宪法，这分明承续着清室一脉的改良主义立宪建国的路线，只不过诏书所表现的这个立宪建国，是对自己过去曾经虚情假意实施的君主立宪制的自我革命，变君主立宪为人民共和立宪。也正因为此，这个和平方式的革命建国，才从另外一个方面弥补了辛亥革命建国的激进性和片面性，并通过这个双方认同的具有宪法意义的逊位契约，把两种革命建国的方式融汇在一起，从而深化和完成了中华民国革命建国之构建。经由这场起于暴力起义终结于和平逊位的"革命"，中国政治完成了一次历史性的古今之变，从传统帝制转变为现代民国。清室以这种方式参与了第一共和国的构建，不啻为一场中国版的"光荣革命"，即以自我和平逊位的方式参与到革命建国和人民制宪的宪法主题之中，以自己形式上的死亡，与这个国家和民族共同赢得新生，同时也昭示着自己并没有真正死去，没有被历史之手丢弃到历史垃圾堆里。

马国川：从清室的角度来说，这确实是一场中国版的"光荣革命"。英国的光荣革命曾经以国王查理一世的头颅为祭，又经历了克伦威尔的共和激进主义僭主统治，最终才确立了自由立宪的虚君共和国。然而，人们大多把清帝逊位视为象征性的一幕，把这份逊位诏书视为革命党人的不彻底性之体现，认为它表明了中国新生的资产阶级的阶级软弱，是对于封建主义反动派的妥协甚至倒退。

高全喜：我不同意这种基于意识形态的革命历史观。相反，我认为以《逊位诏书》这份契约性文件所规定的清帝逊位，是中国历史上的一个伟大事件，标志着中国历史的古今之变以一种中国版的“光荣革命”形式完成了承上启下的历史性转型，这份诏书因此具有宪法性的法律意义和地位，它与《临时约法》一起承担了中华民国肇始之宪法性法律的重任。需要声明的是，对于《临时约法》、革命的意义、武昌首义的价值，我从来没有否定，我从来不是一个反动派、保守派、保皇派，没有站在清王朝退位君主的立场上指责革命的不正当行、革命的非正义性。我只是认为，《临时约法》要加上《清帝逊位诏书》，是这两个宪法性文件共同构成了中华民国的立国之根基。

光荣革命是英国现代史的中心内容，它固然是一场保守的英国传统政治的复辟，但这个复辟并非反动的倒退，而是旧瓶装新酒，它以复辟的形式重新塑造了一个新的自由、法治、宪政的现代英国。从政治宪法学的角度看，伴随着这场革命，英国议会制定了一系列的具有宪法性法律意义的法案，在英国的政治制度中还逐渐形成了一些具有宪法性意义的政治惯例，这些构成了英国所谓未成文宪法的基本内容，由此一个现代的英国宪制和现代国家才真正构建出来。

马国川：相比之下，中国古今大变局中的这个清帝逊位以及逊位诏书，其历史地位和宪法性意义并没有受到广泛重视，这是为什么呢？

高全喜：因为中国版的光荣革命失败了。之所以会如此，维系这个逊位诏书的政治势力——中国的资产阶级缺乏独立自主性，没有强有力的实力作后盾，而英国的光荣革命，支持其王室复辟的社会政治力量是强有力的新兴资产阶级，从这个阶级论的角度看，说中国新兴资产阶级是软弱的，也有一定的道理。

在现代中国，从辛亥革命开始，革命激进主义畅行无阻，愈演愈烈，和平立宪的改良主义和保守主义是如此软弱无力，日渐边缘，《清帝逊位诏书》被扫进历史的垃圾堆，也就不甚稀奇了。

马国川：传统教科书也说“资产阶级的软弱性”，指责当时的资产阶级缺乏彻底扫荡清帝为代表的封建专制主义的软弱，以至于还保留了这份狗尾续貂的逊位诏书。

高全喜：但是，我这里所说的软弱恰恰相反，指的是在支持和维护逊位诏书所蕴含的宪法精神的软弱。如果我们穿越百年历史的重重迷雾，就会发现，我们过于轻视了清王朝晚年以来的变法改制以及这份逊位诏书所留下的宪法遗产，实际上，以后的中华民国与中华人民共和国仍然分享着这份富有生命的遗产而不自知。例如，在当今世界格局中，我们在有关中国主权问题的国际法论争上，往往义正词严地追溯到清帝国的边疆版图，据此捍卫和论证我们中国的国家主权权利，但是，如果我们的国家宪法不能把《清帝逊位诏书》之宪法性精神纳入其中，我们今天又有何法理依据伸张自己的主权权利呢？

宪法出场，革命退场

马国川：如果承认《清帝逊位诏书》是宪法性文件，当然应该，支持和维护它。可是为什么几乎所有的学者都认为，不管是革命派还是立宪派，当时的资产阶级具有保守性和妥协性呢？

高全喜：关键的问题在于，中华民国的构建是否应该基于辛亥革命之革命党的革命正当性之基础之上。我认为，如果把中华民国或现代中国之兴起仅仅落脚在辛亥革命之上，显然是片面的，这个共和立宪的现代共和国，其构建是两种革命之折冲、对立以致最终融汇的结果，因此，除了辛亥革命之激进革命外，还有另外一种革命,即立宪派的保守主义革命,或改良主义的变革,这个变革从晚清预备立宪开始,甚至从戊戌变法开始,直到以清帝逊位的和平权力转让为终结,恰恰是这个立宪派的改良性的保守主义革命对于辛亥革命所代表的激进主义革命之折冲,才克服了法国革命式的社会破坏性结果,维系了一个从传统帝制向现代共和国的和平转型。何谈革命的不彻底性?要之,恰恰是立宪派的保守性和妥协性,才使得两种革命建设性地联合在一起,完成了中国政治古今之变的历史性重任。

从历史大尺度的视角来看,对于这两种革命,采取任何一种厚此薄彼的革命史观都是片面的,现代革命的实质不在于要多么彻底,而在于是否付诸宪法,宪法出场,革命退场,这才是一个现代国家之构建的核心原则。

马国川:这里有一个悖论。如果宪法不能出场,或者宪法难以贯彻,谁来维护宪法?反之,如果革命迟迟不退场,那么,宪法秩序也难以形成。看看辛亥革命以后孙中山发动的历次革命,不都是打着"(维)护(宪)法"的旗号吗?终其一生,孙中山也没有看到宪法落地的那一天。

高全喜:真正的革命使得宪法制度产生了,但真正由革命中产生了反革命这样一种保守力量,会推动宪法出场,革命退场,革命最终要通过自我的否定完成守护革命成果的一套制度建设。如果一个阶级、一个社会的主导力量足以成熟的话,不是要将革命进行到底,把所谓的敌人彻底消灭,变成一个无穷的不断革命下去否定下去的一种东西。

我们看到,对于现代政治来说,总是摆脱不了一个"革命之后"的梦魇问题。对此,法国大革命、俄国革命以及中国革命,就没有很好地解决这个“革命之后”问题。为什么美国革命能够解决这个难题？因为美国很好地完成了“革命的反革命”。从《独立宣言》到《联邦宪法》，美国人民把政治（尤其是革命与内战）问题转化为法律问题（宪法）问题，进而把其中绝大部分转化为司法问题，从而守护人民的自由与安全（和平），这是美国宪法的精髓，也是美国政治的“秘密”。革命本身不是自由，革命是一种动力和力量的源泉，具有摧毁的性质，而宪法则是革命之轭，是一种政治规范，用宪法之轭约束革命的势力，从这个意义上，一切真正的宪法都是反革命的（counter-revolution）。

马国川：“革命的反革命”是一个很好的命题，但是辛亥革命以来的中国历史表明，革命一旦发动，就很难“刹车”，反而呈现加速度之势，毛泽东建国之后，还要“继续革命”。

高全喜：中华民国立国是两种对立的宪法精神中和、妥协的产物。这也为现代中国的构建，提供了一个相对来说比较好的政治时期或者立宪时刻。遗憾的是，由于新兴的社会力量、政治力量、阶级基础不够成熟强大，致使和平主导下的立宪时期没有真正转化为稳定而常态的宪政制度，最终导致 10 年制宪总是屡战屡败，屡遭挫折。到“曹锟宪法”出来之后，变成了一纸具文。由此才孕育出了 1924 年之后的国民革命以及大革命，随后中国进入了党国新的政治形态，内战连绵，直至 1949 年两岸分治。

革命是一种暴力，一种推翻王朝专制主义的有力工具，而且后来它在中国又被马克思主义予以阶级化，即革命是一个阶级推翻另一个阶级的暴力工具。革命的传统在现代性的中国政治中，屡屡畅行，尤其是来自法俄的阶级革命、无产阶级专政，致使中国不断陷于内乱之深渊，给中国造成巨大而沉重的灾难。

马国川：总体来看，你并不怀疑和否定辛亥革命的意义，只是想提醒人们注意“历史的另一面”，因为它既是不能忽视的真实历史，而且其中也隐含着另一种历史可能性，一种丧失了的历史机遇。

高全喜：我们现在的历史观，评价的时候只从一个维度极端化、绝对化，完全忽视了另外一种力量，这种力量能够对冲、折中、消减革命的激进。我们应该正视历史，应该给清帝以及当时的一批改良主义的力量给予正当的历史评价，不能只唱革命的赞歌。如果在100年后的今天，我们仍然惋惜革命没有彻底地将清帝、立宪派以及在晚清主张改革的一批人彻底打死打垮，送到历史的垃圾堆里，就说明我们的历史观没有任何进步。历史何以至此？难道不值得我们深思吗？

回顾中国百年宪制历程，我们要清醒地认识到，一味革命是完成不了建国大业的，要借鉴和学习英美立宪革命的经验，探索中国的“革命的反革命”的宪制道路，由革命者自我实现“反革命”的改良道路，这才是中国的前途所在。在此，就需要中国人民尤其是政治精英从“不断革命”的恶性循环中走出来，实现“革命的反革命”的宪制国家，真正以宪法为立国之根基，完成革命—立国—自由的三部曲。

辛亥革命与现代中国

高全喜 田飞龙

田飞龙:大家好,这期非常有幸请到了北航法学院的高全喜教授做主题为“辛亥革命与现代中国”的主题读书活动。我们看到摆在讲台上的这本黄色封面的书,书名是《立宪时刻——论〈清帝逊位诏书〉》。大家可以看到,它的正标题是在白话文运动之前的风格,有点古色古香的古体字的痕迹,但是副标题却是白话文运动之后的痕迹,这样一种正标题、副标题之间不同字体的差异也折射了某种时代转折的意味,我们想问问高老师,为什么在辛亥百年纪念的时候,会选择做这样一个专题的研究呢?

高全喜:非常高兴今天能到网易跟诸位探讨一下关于辛亥革命百年纪念的主题。刚才飞龙谈的一个问题很有意思,也正是我在这本书里开始点明的一个问题。这本书里刚开始有一个题词,我是要作为辛亥革命的百年纪念,采取另一种形式的纪念,为曾经被大家忽视的,在中国古典转型、转变时期曾经做出一定重大贡献的清帝逊位的事件,在宪法学上给予一种说明,某种程度上来说,要把大家忽视的这一段历史过程给它提供一个新的、正当性的评价。刚才飞龙给我提了一个问题,今年辛亥革命百年纪念为何纪念这个东西。

辛亥革命一百年以来,无论主流的国民党的建国史、近代史,还有共产党的建国史和近代史,基本上都是处于革命话语之中叙述这一段历史。我们进到这段历史就会发现,在中国古今转型的重大变革时期,实际上还有一种接续传统的力量发挥了重要的作用。对于这种改良主义立宪建国道路,国共两党的革命史观都缺乏公允的对待,我写这本书,就是想回到历史真实的深处,探讨古代中国向现代中国的转型,一个现代中国是如何产生的。在我看来,清室晚期的改良主义并没有彻底地脱离这个历史进程,变成被扫进历史垃圾堆的东西,它以和平逊位的方式参与到现代中国的构建。

《清帝逊位诏书》隐含:宪法出场,革命退场

田飞龙:刚才高老师给我们介绍了这本书创作的来龙去脉,从他的叙述当中,我发现包含一种历史观的反思,国共两党借助革命语言缔造的共和国,在根基上面需要某种反思和加固,我们必须从历史当中,从中国人民政治生命的经验当中寻求资源或者是寻求曾经的一种启示。《清帝逊位诏书》这里所表现的改良主义的路线和精神有可能为我们的改革或者现实改良提供很多启示,我想问一下高老师,《清帝逊位诏书》也不是空穴来风,支撑这个路线的晚清的政治团体以及他们在辛亥革命之前所做的政治努

力，您怎样评价呢？

高全喜：首先我这本小册子定名为《立宪时刻》，这是宪法学的概念，所谓立宪时刻，就是一个国家的构建是基于什么样的规则和法律建立起来的。尤其是对于中国来说，我们从一个古典的王朝政治到一个现代政治，到一个现代国家的转型，而这个转型中，到底是如何构建这样的第一个从未有过的共和国，我们依据什么构建这个共和国，这是立宪时刻的中心问题。

一般来说，一个传统的中国王朝政治，建立一个所谓新的王朝，大不了打天下，枪杆子打天下，武装起义暴动，改朝换代。这样循环下去，依然是一家一姓之王朝，我们看中国历史，千年中国历史，可能换了多少个朝代，但是国家和这个社会的结构，它的基本政治结构并没有发生变化。只不过一家一姓变了，张家变成了李家、王家的，但是辛亥革命所导致的现代中国的变化跟过去相比，就是全然不同的，某种意义上来说，是一个崭新的变化，是从一家一姓之王朝变成了一个现代的人民共和国，也就是中华民国。中华民国可以说是第一共和国，1949 年的中华人民共和国可以说是近现代以来的第二个共和国，总体来说，我们经历了这样一个古今之变，它是从王朝政治到现代共和国的转变，依据的是什么呢？

这里面我为什么刚才强调转变过程中，在立宪时刻，我们看到了有革命、暴力、枪杆子，但是我们要记住，枪杆子只能够打天下，但是不能改变这个天下的本质，不能建立起一个共和国，建立一个中华民国，它只是一种工具，不是目的。

田飞龙：革命和建国是两个任务？

高全喜：从王朝政治到现代共和国的构建过程中，一方面我们看到了，有革命，有暴力，这个有它的必然性，这是一种革命主义的、激进的路径，这个路径也有它的正当性和合理性。但是我们也应该看到，在这个过程中与它平行的还有另外一条和平改良主义的路径，而这个路径，从戊戌变法，尤其是清帝的预备立宪、十九信条直至《清帝逊位诏书》，它是和激进的革命道路相对冲的一种改良主义路径。在这个意义上来说，我把《逊位诏书》视为和《临时约法》相并行的，具有宪法性质的一部宪法性文件。什么意思呢？我们看到枪杆子打天下，固然发挥了工具性作用，但是打下的天下之所以具有正当性，是需要一套理的，要讲理的，这个理就是建立共和国的宪法，而这个宪法，这个理在哪里呢？在天意，在民心，民心主要体现的就是一种契约。

《清帝逊位诏书》的具体内容是把一个传统的王朝政治，一家一姓的满清王朝，和平转让给一个人民的共和国，这样一种禅让制的转让，把天下转给人民，用我们的话来说，转给人民主权的、人民当家做主的共和国，这样的变革不是具有宪法性意义吗？辛亥革命与百年共和的历程意味着两条路径，一条是暴力革命主义路径，包括革命党最早提出的种族革命；另外一条就是清朝的，尤其是以立宪派，或者拥护君主立宪的这一批人士或者官员，甚至包含一些王族成员共同推进的改良主义的路线，这两个路线是我的书里论述的从辛亥革命到现代共和国的两条路径。

打通这两条路径的就是《清帝逊位诏书》，它隐含的是什么问题呢？宪法出场，革命退场，等于是通过宪法安顿革命，在这个过程中，我觉得《清帝逊位诏书》隐含着多层含义，建国与新民以及中华五族共和这些问题，基本上完成了转型。我们以前对历史的叙述，大部分偏重于革命主义的、激进主义的路径，而忽视了改良主义的,尤其是通过逊位的和平转让的建国方式。改良、禅让也是一种革命,不同于暴力革命的改良意义上的革命,革命建国是对的,但是这个革命要放大它的含义,包含着暴力革命,同时也包含着改良主义的和平的变革,都是针对旧制度,针对王朝变革的革命。

从这个意义上看,辛亥革命就不只是简单的一种武昌首义形式,武昌首义只是一个导火索,引发出来的是把两个近百年的传统,一个是革命的传统,一个是改良的传统,通过辛亥革命的导火索,把它推进,在《临时约法》和《清帝逊位诏书》这两个宪法性文件当中完成了中华民国的构建。这就大致形成了现代中国构建的第一个阶段,这个阶段当然并非就是完全美好的阶段,就是优良国体了,但是相比西方诸国辛亥革命前前后后这一段时间,多种力量的平衡、妥协、斗争所形成的中华民国,某种意义上并不逊色于英国,所以我才把它视为中国版的"光荣革命"。中国版的"光荣革命"在后来十年的制宪过程中,由于多种原因是失败的,但是不能因为它的失败,就完全否认了这样一个"光荣革命"曾经在特殊的历史时刻所具有的特殊价值和意义。

辛亥革命时没有天下大乱,是因为立宪派主动承担了社会责任

田飞龙:高老师您刚才围绕这样一个立宪时刻、辛亥革命和《清帝逊位诏书》给我们匡正了您所认为更合理的历史观,提示我们重新去理解革命。如果我们把 1911 年的辛亥革命理解成全体中国人参与的、从帝制走向共和的伟大历史过程,就会发现参与这样一个历史过程的并不仅仅是革命军和革命党,还包括立宪

派，以及最后融入共和洪流的部分统治精英。辛亥革命中之所以没有真正天下大乱，原因就在于各个地方团体，尤其是江南地区的立宪派，他们主动起来承担社会责任，承担地方的治理责任，协商共和建国，立宪派在其中稳定秩序并推进共和建国的功绩，也是我们应该理性看待的层面。我们发现这样的时刻充满了各种历史的合力。高老师您这样一本书就是要提示我们回望历史的时候，穿越历史迷雾，看到推动历史进步的动力结构，从中获得更为科学的解释框架。

由此我发现，在革命党内部曾经面对并且试图回应过革命之后的“反革命”问题，这里的“反革命”指的是革命主体，通过宪法，通过法度，通过民主程序来守护革命成果，不是颠覆与复辟意义上的真正的反革命。这样的主动式的反革命在两个层面上展开了，一个层面就是话语和意识形态层面，从革命之前的“驱逐鞑虏”，排除性的种族革命，到“五族共和”的宪法革命，被驱逐的“鞑虏”(满族)重新被包括进来。这样一种意识形态的转变，是否跟这样一个《清帝逊位诏书》之间有某种联系或者是直接受其影响呢？因为《清帝逊位诏书》说要把完整的政权(五族)建成为一个共和政体。另外一点是制度实践层面的，我注意到南北和谈、顺利建国之后出现了国民党内部力量对原来的同盟会的议会化改造，试图改造成议会政党，这样的努力试图守护《清帝逊位诏书》和《临时约法》所共同展现出来的中华民国的宪法法统，试图在这样的参议院和中华民国议会民主程序当中来模范性地展示共和国代议制民主是怎样展开的。这样的主要来自国民党内部意识形态层面和宪法实施层面的努力，是走向共和的更加坚实的步骤，不幸的是这样的努力都失败了，您觉得这里面原因何在呢？

高全喜：真正有活力的宪法是基于现实的政治力量以及这个政治力量背后的道义支撑所构建的。我们看到辛亥革命前后中国当时的情况，大方面来说有三股政治力量，一股力量是南方革命党人的力量，另一股是士绅立宪派，以及清王朝当中有新观念的、致力于改良的官吏，甚至包括一些大臣改良派力量。随着历史的演变，袁世凯后来从中延伸出北洋派势力，这是第二股力量。还有第三股力量，就是清王室本身的力量，有时候是现实的军事力量、政治力量，但更主要的还是一个法统的力量，是一个正统性符号。

清朝是一个帝国，帝国不单纯只是一个本土关内的中国，还包含着一个边疆，内外蒙古、新疆、西藏广大的领域；清帝国采取多种治理方式。这三股力量在辛亥革命前后，是有一番力量的对峙和冲突，其背后又有理念、价值的冲突和斗争，但是也有妥协和合作。现实过程是这三种力量共同的斗争、妥协产生了中华民国，并不是以帝国解体崩溃的方式建国的。考察历代的帝国，无论是欧洲的帝国，还是欧亚之间的奥斯曼帝国，基本上都是一个解体方式、分崩离析的方式演变的。唯有清朝帝国，是把完整的帝国转化为民国，包括法统，它的人民，它的地域，而这又不单纯只是内陆的汉族以及关内的中国，它是指汉满蒙回藏，关外整个帝国都属于中国人民，疆域属于中华民国的疆域，这样转让给中华民国。在这个过程中，没有上述三种力量的相互斗争和妥协，没有支撑斗争和妥协的道义和价值，就是法统和道统的话，如何安顿？按照革命党人的种族革命，最后很可能只是在汉族地域形成一个小中华，广大的边疆，广大的内外蒙古、新疆西藏，很快就会解体，恰恰是由于清帝的逊位止住了解体的趋势，才把一个完整的传统的帝国移交给共和国,一个立宪共和国体。

我们不能只看到革命党人内部激进化的、以孙文为代表的革命党这一极,还要看到革命党内部以宋教仁为代表的议会制这一面,同时还要看到以袁世凯为代表的北洋势力在这个转型过程中所起到的重要作用,同时我们还要看到清帝逊位本身所代表的清王室在面临社会变革之际所采取的一种屈辱而又光荣逊位的方式,把这样一个帝国完整的移交给了共和国。这就要求我们应该以一种相对客观的态度来还原历史,寻找历史背后的价值以及道义并给予真诚的对待,而不是只是说就是革命党,尤其是革命党激进的革命派的建国方式。

清帝逊位中所说的袁世凯全权组织未来立宪共和国体这样一个定位,对袁世凯这股北洋势力以及袁世凯本人是有双重意义的。第一,是一种授权,他担当起当时社会转型中组建一个共和国,甚至不排除他当共和国大总统的权利;但是第二,对他也有限制,必须建立共和国,而不是一家一姓之王朝,不能称帝。袁世凯在转型过程中贡献当然很大,我们不能从动机论、权谋论来谈袁世凯怎么怎么搞阴谋诡计。要看客观效果,南北议和与清帝逊位历史转型是在他的主导下实现完成的。这对他来说又是一种枷锁,构建的必须是一个共和国,他后来的称帝就是乱臣贼子,违背了《临时约法》,又违背了《逊位诏书》,所以,他就是乱臣贼子,当时反抗袁世凯称帝是具有法统的道义性和正当性的。

我们再看革命的不彻底,保留了这个王室。有人认为,这一群孤儿寡母在袁世凯的威逼利诱之下,把权力转让了,即使不让权,革命也会把他们一扫而光,他们的逊位没有什么价值。我认为这是一个非常片面的看法。清帝完全可以被你杀头,袁世凯要是把他杀头了,这个革命就失败了,导致的结果就是帝国的崩溃。我们就会看到这种帝国的崩溃,看到中国四分五裂,只不过革命党保持了南方政权,然后袁世凯割据北方,内外蒙,新疆、西藏归英国的,归日本的等,就不是后来的那种结果。为什么我们看到一个没有解体的中华帝国转让给了中华民国呢?在这里面不是革命党人的功劳,而是清帝通过《清帝逊位诏书》移转了最高统治权,把它作为法统上的权利和平地移交给了共和国,这个共和国因此有一个接续中国传统的法统以及治理整个前清朝帝国的地域和人民的正当性。这个正当性使得在这个过程中清朝皇室和革命党共同构建了一个新的现代中国和新的现代中国人民。

在此比较成熟的是以张謇为代表的立宪派。这个立宪派具有非常积极性的、建设性的意义,它能够处在一个中间位置,协调革命党和保皇党的对垒,把他们提升到更高的境界。以张謇为代表的立宪派,可以说与时俱进,雄才大略,具有建国者真正的立宪意识。只不过支撑立宪派的中坚力量不足够深厚,革命党中的激进派某种意义上占了上风。袁世凯虽然参与了共和国的构建,毕竟他的见识胸怀还是不行的,他有称帝的野心,革命党又有将革命进行到底的激情,立宪派又没有足够的社会力量,再加上一些偶然的因素,致使真正的中华民国宪法,不是约法,也不是《清帝逊位诏书》,而是未来要构建的,通过议会要构建的真正中华民国宪法,就一直在十年之中反反复复,一直没有建成。

辛亥革命开局是不错的,十年的制宪过程曲曲折折是失败的,这十年多的建国制宪时期,一直没有建立起一个真正具有生命力的宪法。所谓宪法必须来自所有社会力量的真实妥协的产物,而不是虚假的相互欺骗的产物。

田飞龙:关于辛亥革命之后制宪的十年过程,我读您的这本书深有感慨。临时约法当时是在南北和谈过程当中由南方革命党单方制定的,为了限制袁世凯专门把总统制改成内阁制,后来袁世凯要求自己制定自己的约法。实际上他们分别作为一派要求把自己的意见输入宪法当中,都是正当的参与立宪的诉求。不过,我们发现从《清帝逊位诏书》、《临时约法》,到袁世凯约法,始终寻找不到一种机制,或者妥协的精神,或者妥协的程序,或者由于您刚才所讲的张謇所代表的立宪党人实力还不够雄厚,结果就是无法组织一个包容所有政治力量的制宪平台与过程。每次制宪,都是您刚才结构分析里面某一派的单方面制宪。因为是单方面制宪的结果,袁世凯没有参与临时约法的讨论和制定,使得所生成的文字宪法、文本的宪法无法获得中国政治社会结构的支持,最后不得不通过革命、镇压革命来反复,使得民国的制宪一直没有完成。

高全喜:孙中山为代表的暴力护法,军事护法,也开了另外一个不好的先例。本来议会制宪,发生分歧,展开议会斗争,重新启动新的程序,还是在宪法之内,动不动就军事护法显然不妥。

辛亥革命不成功恰恰是因为立宪派的“反革命”不彻底

田飞龙:护法的形式,二次革命的形式是否必要,是否具有正当性,史学界也有争论,我们要的是法内护法,还是法外护法?如果是法外护法,重启革命进程,对法的价值、法本身的原则也是一种违反。牵扯到刚才谈过的,宋教仁走的议会道路,国民党如果能模范地作为约法下的议会政党,包容性地允许其他政党通过宪法途径的选举,通过立法审议来表达自己的不同意志,就能把卡在立宪上面的争端以及法外护法之类的激进因素排除出去。可惜在20世纪初期没有看到这样一种法律真正被人所尊重并生成包容各种社会政治力量的宪制框架。

高全喜:这里面总结到这一点,我不太同意张朋园先生的看法。他在《立宪派与辛亥革命》这本书当中给予立宪派比较高的评价,这也是比较有成就的一本著作。他其中一个观点我不同意,他认为辛亥革命之所以没有成功,现代法治共和国之所以没有建立起来,是由于革命不彻底,资产阶级不成熟,没有将立宪派有点妥协、有点反动、有点阻碍革命的这种不彻底性克服掉,立宪派将其他因素掺合进来了,革命打了折,最后的辛亥革命所导致的建国不成功。我的观点相反,我也认为辛亥革命时多种力量斗争、妥协所构建的共和国在刚开始的时候确实有一种好的气象,为什么十年没有建立起一个优良的共和国呢,恰恰因为立宪派不彻底,资产阶级不够成熟,力量不够大。我也承认是这个,问题在于,我认为应当推进的方向不是它将革命进行到底就彻底了,恰恰相反,它的真正的彻底性和真正的成熟性是它的力量真正的足够大,是它能够有效抵御住革命激进主义的浪潮。它没有抵御住一轮一轮的革命激进主义,用你刚才的话说,法外护法这样一些举动。不成熟的期待方向不在于要把这些举动、这些行动彻底化,恰恰是要把它抵御住,不彻底不在于未能将革命进行到底,恰恰是在于它没有能力将革命阻挡住,在这一点上,我是完全不赞同他的观点的。

田飞龙:这里您讲到他的观点,他代表正统史观。1911年资产阶级还不成熟,因此它的革命很多方面是不彻底的,甚至拿大总统的位置来换速定共和的效果,因为它没有能力在北方地区掀起一场同样的革命。立宪派(含袁世凯集团)和革命党都有不彻底性。这里我们就发现,刚才您向我们展示当时国民党人力量也不足,如果当时真的两派都将革命进行到底,就属于汉族内部精英团体之间的内耗,血流成河,就有可能使得主体民族(汉族)没有能力恢复主权,中国分裂的前景可能就会成为一种现实。而在当时帝国环伺蚕食中国的前提下,彻底革命之后再回过头来完成中华民国的完整建构,在世界历史上会成为不可能的诉求,这里面的历史功罪又由谁评说呢。此外,革命为什么不彻底?是因为每一方都没有足够压制对方的实力,立宪派本身不可能组织武装,不可能用暴力的方式占据一方。革命党,虽然发动了大概十次武装起义,非常英勇,非常理想主义,但是孙文接受的革命思维是受英美影响很深的,是政治革命,不让农民参与的,不搞底层动员的,不可能动员起有利的政治社会力量参与大革命的进程。因此,辛亥革命在孙中山的意识里面也是局限于政治革命的小革命——政体革命,不是后来发生的社会革命,所以没有足够的力量兑现为政治军事的超规模组织。

再看北方,袁世凯的集团,军事上有相对的优势,但是在道义上,他也必须承受这样一种共和,要么参与共和,要么做清王朝最后的守护者,跟它一同被推入历史的垃圾堆。袁世凯是很聪明的人,他想体现自己的主导角色,把自己跟立宪派的政治联系,还有自己半新半旧的政治理念输入到民国的血液当中,只不过在新旧血液混合当中产生了某些排斥效应。我们发现在这里面,革命的不彻底,有力量动员机制的原因,还有革命幅度即局限于中上层的政治革命的原因,同时也有当时几派冲撞、冲突的时候不可能产生压倒性力量的原因。如果将革命进行到底,各方都没有信心。甚至有些人也可能估量到了,如果血拼到底,两败俱伤,对于整个中华帝国能不能完整顺利地转为中华民国,可能是一个挑战,世界历史有可能不允许你分裂之后再整合起来。

所以《清帝逊位诏书》最大的贡献,因为您刚才只是从文本或者形式意义上讲,《清帝逊位诏书》是王制改良的体现,实际上背后可以发现,还有一面,立宪派和袁世凯企图保全整个国族、整个中华的愿望,还有您要注意到,革命党人也节制了,作出了让步。我的思考当中,1911 年这个关键点上,在《临时约法》和《清帝逊位诏书》同时作为中华民国宪法这样一个法统根基的意义上,我发现有两个人的行为,我们都要进行历史的肯定评价。一个就是北方清王朝帝制的逊位,另外是南方临时大总统的退位,一逊一退共同使得《清帝逊位诏书》所设想的、所决断的、由袁世凯组织这样一个国民政府建构共和政体的理想,至少是能在宪法原则意义上,或者是在政治事实意义上,成为一种可能,尽管这个民国还有很多方面需要清理,还千疮百孔。一个逊位,一个退位,使革命的力量和清朝帝位和平汇入袁世凯所承载的、具有妥协性质的新的政体之中。

1924 年后中国进入了以党领导人民的轨道

高全喜:好景不长,毕竟作为一个国家,之所以建立起来,健康地发展起来,构建出来,它是需要一部完整的正式的宪法的。《临时约法》和《清帝逊位诏书》本来是可以为一个真正的中华民国宪法奠定基础条件的。事实上我们看,在这前后有了这样的文本,尤其是社会的、现实的事实情况也出现过契机,只是后来,可以说是这十来年的制宪过程一直都不顺利,到底为什么,这里面很复杂,总的来说,这种不顺利,导致社会和人民承受了苦难。

到了1924年之后,中国的社会结构进入了另外一个阶段,所谓国民革命和大革命的时代,国民党叫国民革命,共产党叫大革命,但是它在实质意义上就是党国的出现,国民党的党国,共产党开始也要参与,甚至还建立自己的组织体系和建国路线。辛亥革命到1924年前后,那时候所谓正常的民主共和国、人民共和国,它的主体已经转变了,转变为一个党来领导人民、领导社会建立一个共和国。而且这个党又是通过军事割据和北伐这样的方式来建立新的国家的。这样,我们错过了之前比较好的历史阶段。到了1924年,国民党一大的时候,国共两党遵循的完全是列宁主义的这样一套现代国家的构建理论了,以及它的实践了,中国完全进入了另外一个轨道。

田飞龙:按您的想法,辛亥,1911年,1924年,历史只给了中国13年,发生了很多大事,二次革命、护法、五四运动这些大事。起初至少在孙中山一派内部,部分的革命同志还曾有意把原来的革命组织改造成议会政党。但是20年代,国共两党分别完成建党大业并推动大革命的时候,议会政党在建党思路里面已经完全被排除出去了,所建的绝对不是议会式的竞争性政党,而是通过政党的形式来完成这个传统国家在现代政治上的初步组织化过程。由政党吸纳群众中的先进分子,通过政党来建军,通过政党形成自己严密的政治组织的形式,让一部分人快速地打造为在纪律上、观念文化上和战斗力上适合国家需要的生力军,由这一部分人带领群众,进行一场大革命。大革命之所以大,就在于不局限于不动员基层的政体革命的范围了,而是包含着对社会的全面的理想改造,建设崭新的社会。我们看国共两党的实践当中,都有很多这方面的表现。

高全喜:所以从辛亥百年看,有两个国民党,一个是1924年之前的国民党,另一个是1924年之后的国民党,我们谈辛亥革命的时候,主要谈的是第一个时期的国民党,而这个国民党中,它的革命激进主义是有限度的。到了第二个国民党时期,完全是一个党治国家了,走的是激进主义,实际上就是另外一种模式了。

田飞龙:第一个时期的国民党,立宪时期的国民党受英国和美国的影响,企图改造成议会政党,革命是有限的。后来是受苏俄道路的影响,这也使得国共合作成为可能,并且两党都在苏俄的支持之下进行大革命。实际上孙中山在这个转型过程中发现,按照美国模式,通过有限革命建设议会政党,结果出了宋教仁案,他很苦恼,搞不成了。在这样的情况下,他在1914年二次革命的时候,建立了中华革命党。没有证据表明孙中山在1914年就受到很深厚的社会主义的影响。1914年的中华革命党,包括他跟黄兴之间的争议,涉及党员个人有没有自由以及党员要不要效忠领袖的问题,当时建党的某些原则和做法已经具有了国民党一大所建立之大革命政党的痕迹或者是趋势。实际上国民党的建党,1914年中华革命党开始是一个转折,您刚才讲的,第二个国民党的开始,我觉得并不是从1924年列宁主义帮它组装好之后开始的,而是从1914年孙中山的某种反思与实践中就已经开始了,只不过列宁主义将他的某些早期探索系统化了。

高全喜:我们看到所谓国共两党的历史,从共产党对于这段历史的总结,以及它的指导方针来说,只是比国民党更加激进,更加具有党治国家的色彩。从国共两党的革命史观来看辛亥革命,看前十年这样的过程,基本上就把清帝逊位、袁世凯和立宪派都归于一个否定的、有待批判的、革命不彻底的对象了。这实际上重新构造了一段辛亥革命史，它要强调在这个过程中南京政府的主导作用。后来孙中山去世之后，把孙中山神化，建中山陵，大搞意识形态，搞一套新的国民党的叙事逻辑。事实上辛亥革命的过程当中，北京的清帝，北洋军阀，和南京、武汉国民党的博弈当中，是没有中心的，真正法理上的中心是在北京。第二个国民党的叙事基本上全在南京，放在神化的孙中山身上。

与美国联邦党人比，民国时期领袖缺乏大智慧

田飞龙：这里面也有袁世凯本身造成的影响，他后来称帝直接违背了共和的原则。然而，历史不能这样假设：袁世凯顺着他的约法好好做他的大总统，按照民主的程序产生第二任、第三任总统，不排除孙中山在袁世凯做完之后再选上，成就美国联邦党人与反联邦党人式的民主政治佳话。

高全喜：我们不能苛求历史上有十全十美的人，我们研究历史的时候，不能只是单纯地探讨历史的现实发生了什么，我们作为一个研究者应该探讨历史背后所存在的那种道义、价值，它给现代人哪些启发。为什么我要重新梳理这个一直被人遗忘的这一块，这个篇章，以及它背后连带的这些东西呢，我是企图从中找出一些对我们现代中国有哪些启示意义。无论是左的还是右的，激进主义对真正建立一个优良的政体，建立一个好的国家体制，到底有哪些正面的意义和哪些负面的意义。因为一个国家的构建，不是单凭着一种激情和浪漫的理想，甚至美好的愿望就能实现的。从某种意义上来说，用我的话来说，是激情、理性和天意三者的产物，所以历史不排除有天意，很多历史中的偶然性确实导致

历史发生了重大的变化，但是你又不能承认历史完全是偶然的，没有章法，没有一些理可循，历史是要讲理的，所谓的民心、民情、天理在历史中也应该展现。历史不是自然世界，是由人做出来的，人是有理性的，是有生命的，活生生的。

我们处在中国这样一个几千年历史的文明之中，我们还处在一个现代的转型中，这个转型在我看来，从第一个共和国，要是说起来，第一个共和国，辛亥革命前后的中华民国，到第二个，中间有一个插曲，国民党的党国，到1949年的新中国，甚至到我们改革开放以后的中国，这四个中国近百年的历史，这里面的人民为什么没有崩溃，是什么东西把他们凝聚在一起了。而且我们可以看到，我们并没有建立起美好的、优良的政治制度和法律制度，有什么东西阻碍了追求良善制度的进程。从这些角度来看这些问题的时候，辛亥革命前后的那些东西是富有意义的，是富有价值的，尤其是制宪中的革命与妥协。用我的话来说，革命与革命的反革命，什么是革命的反革命呢？就是参与革命的人，他们又共同完成了通过宪法来把革命终结的任务，变成一个优良的社会，这个优良的社会或者法制化的社会是不需要革命的。但是建设新国家这个过程，某种意义上来说，是需要革命的。所以我们又处在这样一个辩证过程之中，如何处理好这样一对难题，一对悖论式的关系，这就是最大的政治智慧和宪法智慧。

但是我们从另一个角度来看，民国时期的一些政治领袖、军事领袖，他们和英国“光荣革命”的辉格党人，与美国的联邦党人相比，就缺乏一种大的智慧，以及现代立国的精神。我们再看当时的人民，各个社会阶层、阶级、民众，是不是就那么成熟呢？假如那么成熟的话，就不可能被革命暴力所煽动起来。之所以产生大革命，之所以产生甚至五四文化运动，固然跟一些政党的社会动员有关，也跟经济上的压迫有关，但是如果社会能够缓慢地开化、理性进步的话，革命是不可能发生的。而且那个时间段里面，特别是“一战”前后，中国的经济处在历史中非常好的时期，当时可能国家不是很强大，但是民间并没有到非常急迫的时候。

从主权在君到主权在民，如何落实人民是核心问题

田飞龙：立宪党人虽然在政治领域被边缘化了，但是在经济和民族产业领域一直保持着发展。

高全喜：回到中国当代的命题来说，建立一个现代国家，到底是建立一个强大的现代国家，还是建立一个优良的现代国家，是不一样的。一个现代国家，首先是应该藏富于民的，首先是对外有主权、对内要讲人权的现代国家。但是我们不能够建立一个对外非常强大，内部的人民非常贫困，等于把民间的财富榨取掉的这么一个国家，对外似乎很讲主权，对内又不讲法治，这样的国家就不是优良的国家。为什么会产生这种情况呢？就跟我们开始讲现代中国的立宪、立法，没有一个很好的基础有关。我刚才说了，《临时约法》和《清帝逊位诏书》只是为现代中国展开了一个好的前奏，但是真正立国安邦是需要一部有生命力的宪法的，这部宪法一直没有真正制定出来。

田飞龙：《清帝逊位诏书》是以退的方式给民国立宪以一个基础，包括维持边疆的完整。《临时约法》相当于南方革命党人作为部分政治力量亮出自己的牌。后来南北和谈只是就清帝逊位达成若干条款，但是就民国的正式宪法而言，从来就没有一个机制或程序真正使得两方坐下来心平气和地在法内制宪、护宪，在法内完善约

法,推进约法成为正式的中华民国宪法,所以复数的建国者在立宪方面是有欠缺的。今天中国特别强大,作为现代中国体量的部分,物质性的部分,已经很有规模,政治组织上也有一定的完善,但是在对内人权跟法度上面,还需要进一步的改革。我认为就立宪时刻而言,实际上在中国就不是只有一个立宪时刻,这个时刻不是一个单数,而是一个复数,表明了中国人的立宪是一个连续追求的历史过程,而非"一蹴而就"的单一事件。一正一反的《清帝逊位诏书》和《临时约法》所衬托出来的中华民国,您讲的第二种类型的国民党建立的中华民国,新中国毛时代的、邓时代的,有四种类型、四种时刻,一起指向的实际上就是辛亥百年中国人共同的事业,即走向共和,而且我发现走向共和是天命的流转趋势,不可阻挡。

因为您看1911年出现了共和宪法,1916年和1917年分别由袁世凯称帝和张勋复辟,分别都失败了。从社会阶级分析来看,底层并没有被大规模地动员进入辛亥革命的过程,但是走向共和,不回到君主,不回到帝制的信念或者时代的潮流已经被确定了,以后谁试图逆转这样一个共和的潮流,都是不可能的。所可能的只是在共和的历史趋势和历史长河里面各方能以什么力量与方式参与这个过程。

高全喜:所以我这本书最后的结尾谈到天命流转,谈到人民主权是现代中国的新天命,但是人民主权怎么理解,到底何为中国人民,人民是不是必然要为党所代表,被领导,还是具体的活生生的每一个个人的人格,个人人格如何组成一个共同的群体,通过什么制度产生人民同意的宪法国家,这是我们当代的问题。所以我就感觉,从大的天命来说,中国的辛亥革命到现代中国百年间的转变,完成了一个从传统王朝帝制的帝国转变为一个现代的共和国的历史进程。但是在这个共和国中，从主权在君到主权在民，在人民，这个人民如何落实，如何坐实这个人民，这里面是我们当今中国社会转变过程中最核心的工作。这个人民如何真正地、活生生地在这个国家的建设中被建构出来，很关键。

田飞龙：通过制度展现出来。其实我发现，在孙中山的思考当中，虽然您不断地说孙中山是激进主义的代表，实际上他作为国民党与共和国的主要奠基人面对中国的实际问题的思考，很多方面还是对我们是有启示的，比如说他讲中国走向宪政有三个阶段，军政、训政与宪政，有一定的合理性，当政者最终必须要兑现宪政理想。人民如何被建构出来，人民如何成为制度化的有效存在，这其实是对领导革命的"先进群体"的巨大考验。

高全喜：我把孙中山视为革命激进主义的代表，指的是他的精神是处在当时的变革时期，他代表着那种企图要打破一个旧制度与新世界的路线，这是他的革命性。当然，孙中山我一直认为是伟大的建国者，确实他提供了这个路线图，这是很重要的。

田飞龙：这个很关键，这个路线图甚至成了我们宪法学里讲的中华民国宪法的根本法，后来就算蒋介石，我们说他专制独裁，但他也始终没敢把宪政排除出去。

孙中山一直没有很好地解决人民和国民党的关系

高全喜：孙中山一直没有很好地解决人民和国民党的关系，或者说他只是某种意义上来说，解决了由国民党来领导这三个阶段的问题。但是要害问题在于人民如何和国民党发生关系，比如说军政、训政、宪政，这里面人民发挥什么作用，人民是被党训政，到了宪政的时候，国民党如何退出，人民如何治理呢。

田飞龙：这是一个疑难，军政到训政是容易的，是从革命军到革命党，再到法定化的执政党，权力中心相对稳定与可控。从训政到宪政很难。通过历史而非选举程序建构起来的执政权如何转换成一种民主的或者人民主权意义上的宪政体制，或者说在先进政党训导下的人民何时以什么方式毕业，这个很关键。

高全喜：英美等西方国家、世界上的一些后发国家，甚至一些地方，都以各种方式解决了。相对比较成功地解决了这个问题的，最近的是现在的韩国，甚至我们的台湾地区。看上去在理论上很难解决的问题，但是现实之手，可以很神奇的，悄悄地一动，就把它解决了，因为事实已经发生了。我们看到这些地方，他们是完成了这样的过程，在这个过程中也没有杀人如麻，血流成河，都是以和平的方式完成了转型过程。从这个角度来说，我觉得中国百年变革的中心议题是如何从一个帝国、王权、专制的王朝政治转向一个现代的、人民的民主共和国，对此我们应该抱着某种乐观的态度。因为现实之手是很神奇的，所以歌德有一句话，叫作“理论是灰色的，生命之树常青”。

田飞龙：好的，我们一起乐观期待。各位网友，我们这一期讨论了高全喜老师的这本书，刚刚交流当中，高老师给我们呈现了辛亥百年如此丰富的思想流变和历史流变的规律，似乎让我们看到了真实的历史，有启发的历史。今天我们站在改革开放30年的新起点上，中国有雄厚的物质基础，社会和市场都相对规模化地发展起来了，我们再来谈这一时刻，我们发现通过不断的渐进式改革不是一锤定音，而是通过不断地实践、改良，回应问题，把共和的原则不断地在制度上和实践上做实，这样一个世纪的走向共和的实践过程，似乎更加符合历史的理性，因为这样一个现代城邦不是一天建成的。关于这本书具体的内容，或者说它里面对立宪时刻的具体阐述和论辩，尤其是理论上深入地展开和启发，我相信网友或者是读者，会通过阅读，通过思考，或者我们后续的讨论，围绕这个主题再交流，得到进一步的深化和推进。而这种重新认识历史，借助纪念辛亥百年的特殊时刻，认真地再把这一百年的历史，重新以当代人的、相对平和、稳重、宽厚的眼光和心态去包容，去理解，我们就可能觅寻到另外一个新的出发点，接续着百年共和的使命，去打造一个更加完善的共和国。

1913年,被打断的宪制建国之路

高全喜　周绍刚

民国二年,即1913年。对中国历史来说,这是个紧要的年头。1911年的辛亥革命作为现代中国政治的动力因,促使1912年的清帝逊位、南北和谈,一个“大妥协”的政体框架得以形成。民国肇建,除了宪法构成其建国创制的形式因之外,还有关键的一环,就是现代政党政治的出场,而1913年恰恰是政党政治登上中国政治舞台,围绕议会展开斗争、合作的较好时段。西方国家的古今之变,在经历了革命之后,多是通过议会制宪获得合法性,从而完成传统王制国家到现代民族国家的转型。然而,1913年3月21日,主张政党政治的宋教仁在上海火车站遭刺客枪击,翌日逝世。就如何看待宋案对于构建现代中国的影响,本刊走访了北京航空航天大学法学院高全喜教授,意图从法学的视域解读历史迷局,揭示事件的意义所在。

“刺宋”元凶　无关紧要

东方历史:1913 年 3 月 21 日,国民党代理理事长宋教仁在上海火车站被刺,在您看来,谁是刺杀宋教仁案的元凶呢?

高全喜:从现在已有的一些研究资料来看,大体上有几种说法,一种说法是袁世凯作为主要的策划者。赵秉钧通过洪述祖的关系,在上海联系青帮首领应夔丞买通武士英刺杀宋教仁,这种说法逻辑上可以说得通,因为宋教仁主张政党选举,很可能要问鼎国会,他的一些政治主张势必对袁世凯的权威构成挑战。按照当时的政治逻辑,这是比较正常的推理。很多人也是这么认为的。有些调查的事实,有多少块大洋什么的,也跟这个相关。这种说法分两层,第一层是赵秉钧的下属揣摩上意,主动所为,第二层是袁世凯真正指使。主流的说法是袁世凯没有这么干,是他的下属揣摩上意,自己做主干的。

东方历史:似乎也有人认为是陈其美是主犯?

高全喜:还有另外一种说法,说是孙中山这条线的陈其美干的。这种说法也有它的道理。在国民党内部,宋教仁的地位和政治主张,都对孙中山形成了挑战。这个方面,也有一些相关资料显示。这里又可以分两层,第一层是陈其美主动所为,第二层是孙中山授意刺杀。无论是哪种说法,目前都没有一个确切的答案。其实,在我看来,到底谁是主案犯,这不是至关紧要的。

东方历史:宋教仁对袁世凯构成威胁,这是众所周知的,而宋教仁的兴起对孙中山形成了挑战,这方面的研究似乎不多,您能否具体谈谈?

高全喜:在宋教仁没有被刺杀之前,国民党内部其实就隐藏了很大的分裂。分裂有两个层面，一个层面是领导权的分裂，宋教仁的兴起，对孙中山的领导权构成了挑战。尽管黄兴、章太炎退出了，但宋教仁作为国民党内一个新兴的、具有现代国家意识、主张议会政治道路的政治家，如果进入了北京政府，无论是担负总理还是议长，那对孙中山是构成权力挑战的。另一个层面是路线的分歧，如何构建一个现代国家，宋教仁和孙中山的理念不同。路径上宋教仁是主张通过议会斗争，在议会中领导国家，而不是建立一个维系个人权威的政权，也不是通过革命来建国。无论是权力层面，还是路线层面，都对孙中山形成了重大挑战。我们看国民党党史，目前这一块是很少提及的。我认为，或者说我愿意这么看，宋教仁的政治主张或许更应该成为国民党的正统。

东方历史：刚才您说到，谁是宋教仁案的元凶并不重要，为什么这么说？

高全喜：从历史学的角度来探索这一事件的真相，这是一个视角，当然是有意义的。但作为案件本身，从法政学的角度来看，一味追查谁是凶手，未必能得出一个准确的、大家都能信服的结论。我认为，1913 年的宋教仁案，对社会转型的意义，恰恰是在事件发生之后所引起的政治、法律、民心等一系列的社会变化。可以说，宋教仁案有点类似于美国的肯尼迪案，虽然扑朔迷离，莫衷一是，到现在也没有一个最终的解答，但是它的意义是非常重要的。真正的法治社会，其一个重要的标志，便是确立通过司法来解决社会问题，尤其是政治问题的框架与机制，这是现代社会，尤其是宪政社会的基本结构。建立一个正常的、稳定的和有信义的现代社会，基本标志就是通过司法解决政治问题，乃至军事、外交问题。至于事件本身的结论可能若干年之后翻出来，发现不符合自然真实——误判了，但这意义不大，毕竟它业已通过司法予以解决，在当时确立了民众对于制度的信心，至于若干年后的纠错，则是另外一个救济的正义。

东方历史：如果宋教仁被刺案当时通过司法解决了，这是否能为肇建之初的民国提供一种新的可能性？

高全喜：宋教仁被刺这个事实一旦发生，如何解决是对肇建之初的民国的一个考验，考验它是否是一个现代国家。当然，这也是一个塑造的机会，起初通过革命以及“妥协”建立起来的中华民国，反而因此得到了重塑，解决好了，中华民国的基本政治构架，就可以确立起来了。从这个意义上来审视，我想谈两点。

其一，1913 年对中国近现代历史来说是一个重要年份。1911 年是辛亥革命元年，1912 年是民国肇始初建，清帝逊位后袁世凯接任了大总统，然后开始制定新的宪法，在这个过程中，就有了国会的组建。建立一个新的国会，南北双方以及各地的立宪派，中国社会的多方政治势力纷纷登台出场，其中主导的是北方政府和南方革命党，当然还有一些士绅。成立议会，制定宪法，现代政党政治的雏形开始出现。建立中华民国，除了宪法构成这么一个形式因之外，其中重要的一环，就是现代政党政治的出现。当时梁启超也回国组建政党。1913 年恰恰是政党政治的雏形登上中国政治舞台，各党派进行合作、斗争以及围绕着议会展开的一个较好的时期。辛亥革命可以说是中华民国的动力因，1912 年可以说是一个妥协的政体框架形成了，政体框架需要通过议会制宪获得合法性，完成过去的传统王朝到现代国家的转型。1913 年可谓担负着这个转型重任的关键时期，在这个过程中，对于当时的各派政治势力来说，如何使自己成为一个现代的政党政治势力，都是一种挑战和考验,如果说当时的政治力量能够很好地经历了这一轮冶炼与转型,此后的中国也就不是我们目睹的那个样子了,而是一个比较好的现代国家了。

其二,在这个过程中,我们看到,虽然不尽如人意,但也并非一塌糊涂。实际上,任何政党政治刚开始的时候都不是非常良好的,任何一个国家的政党在组党过程都存在互相挖墙脚、争党员,在议会中争名额的情况,这些都很常见。1913 年的政党政治对于三方来说,都是一个挑战。对于袁世凯来说,要转换观念和组织系统,如何从一个军政集团转变成一个政党。对于士绅阶层来说,如何塑造一个自身的代言人,梳理出自己的政治主张,形成一个强有力的政党,参与议会,来争取自身阶层在政治格局中的权力和力量,按照自身所表达的意愿来塑造宪法。对于孙中山领导的南方革命党来说,则面临着两条路线的斗争。回顾中国近百年的历史,国民党的党史也是胜者为王,败者为寇,从某种意义上来说,这是非常片面的。其片面性在于塑造的主线只是孙中山、蒋介石这么一条线,而忽视了宋教仁所代表的那条线。宋教仁的政治主张是通过议会、选举参与袁世凯作为总统的中华民国。南北和谈之后,南方的国民党丢掉了形式上的江山,但这也给他们新造共和国提供了机会,即不是用枪杆子来再造共和。如何再造,这是一个路线问题,实际上,宋教仁所代表的路线和孙中山所代表的路线形成了巨大的冲突。从现有的经验教训来看,宋教仁所主张的政党政治,通过组党、和平选举、控制议会,然后塑造一个全新的中华民国,这条道路是一条更加符合现代中国的民主与宪政、法治的道路。可惜的是,这条道路最终没有走通。

孙中山,宋案的关键

东方历史:当时的北方更具实力,无论是宋教仁还是孙中山,似乎都难以通过和平的方式来限制袁世凯?

高全喜:这个也不是完全不可能。形式的正当性在袁世凯这边,实质的正当性也并没有排斥南方的一系列主张。当时的《临时约法》制定的政治架构,基本上把袁世凯限制得很厉害,这与实际的力量是不匹配的。但通过将来的议会对袁世凯作一定的约束,制定审时度势的民国宪法,仍不失为一种路径。当然,不可能像《临时约法》那样,但是有这么一个合法性的议会斗争、制宪路径。这个路径会让双方的力量逐渐彼消此长,达到一定的妥协与制衡。宋教仁到处演讲,理念又很先进,获得很高的支持率,在这样的形势下,对总统的权力进行一定的制度性制约,是完全可以做得到的。而且,从1913年这个时间段来看,袁世凯也没有坐大到后来搞成终身总统、洪宪复辟的地步,只是二次革命失败后,袁世凯的政治野心才逐渐扩张起来的。在那个时候,有南方党人、立宪派、《清帝逊位诏书》等各种力量制约。尽管1913年4月26日,袁世凯北洋政府向英、法、德、日、俄五国银行团签订借款合约,五国借款是没有经过国会(国会被南方党人控制)同意的,这个是非法的,袁世凯的这个行为刺激了国民党,但这并不等于袁世凯可以放肆地不受国会的任何限制。我感觉在那个时候,袁世凯固然想攫取更多的权力,但绝没有废除国会称帝复辟的想法,如果在政治架构上与袁世凯既斗争又妥协,甚至有可能让袁世凯变成凌驾于各党派之上的总统,像《魏玛宪法》中的总统,平衡各党的利益,也不失为一个路径。政制是一种逐渐塑造的过程,至少,当时的道路还没到完全走不通的时候。

东方历史:宋案在司法解决过程中,程序正义与实质正义似乎出现了不少冲突,您是怎么看待这一点的?

高全喜:当时受理宋案的是上海租界的一个法院,具有很好的司法独立性,它是能够传唤赵秉钧的。据悉,1913 年 3 月宋案发生后,江苏都督程德全等人把应桂馨与国务总理兼内务总长赵秉钧、内务部秘书洪述祖之间来往的秘密电报和函件,以“通电”的形式向海内外公布。上海地方检察厅根据这些证据传讯时任总理的赵秉钧,赵拒绝应训。当时无论是袁世凯,还是孙中山等各方人士,都主张通过司法来解决问题。当时的司法具有这种能力和担当,而且形式上已经进入了调查和审判阶段。如果司法解决了,当时的中国也就不至于发生护法战争,护法战争一旦开始,也就是开了一个很不好的头——解决问题的方式从用司法转换成用枪杆子。宋案通过司法解决,完全存在这种可能性,继续走下去的话,即使无法揪出元凶,但可以达到程序上的正义。那么,当时中国就不会大乱,不会产生第一拨军阀,第一拨的军阀混战就是因为宋案。我觉得,对这个问题的认识,取决于是基于对现代国家的构建,还是基于党派利益和个人利益。此外还有如何看待以什么样的方式建立现代国家,是要建立在枪杆子之上,还是要建立在法律形式上(制定宪法,通过司法来解决重大政治问题)?如果有这样一种成熟的认识,即便当时的庭审结果是判错了(后来新的证据证明),那也无关紧要,国家和平的利益要远远高于具体事件的自然真实。司法审判不可能有 100% 的公正,尽管司法追求的是尽可能达致 100% 的实质正义。学过法学的都知道,何为法律事实?法律事实就是依据法律规定的、能够引起法律关系产生、变更和消灭的现象。法律事实是一种能用证据证明的事实。这意味着法律事实不仅是客观事实,而且它还应是能用证据证明的客观事实。通过了正当的司法审判,宋案之如何那就是法律裁决之事实了。至于自然真实,永远也不可能完全达到。一味追求绝对的正当性,最后可能会带来莫大的灾难,就宋案的结果来说,一旦摒弃司法解决的途径,这就为任何人和党派以实现实质正义的说辞而付诸非司法的政治乃至军事的手段,开了一条道路。对于这一严峻的情势,当时的各路政治家似乎缺乏高度的共识。

东方历史:如您所说,如果宋案能够通过司法解决,当时的中华民国也许能够建立起一种不成文的惯例,政治问题司法化,也就可能不会发生后来的军阀混战。那么,是哪些因素导致了宋案诉诸司法失效?

高全喜:一些关键性的问题没有得到解决,最后导致破坏了整个结果。这里有几个因素。

一是对于司法与政治的关系,缺乏理性的认识。司法的技术手段不存在绝对的完美,在细节上要追索最终的元凶,似乎不太可能。南方革命党的目的是要把袁世凯送到裁判庭上,但没有确切的证据证明袁世凯明确授意刺杀宋教仁,只能证明这个事件与赵秉钧有关,赵秉钧要承担相应的法律责任。到了这一步,本来也就可以了,这在一定程度上也打击到了袁世凯的势力及其他本人的政治信誉。

二是国家的最高元首具有一定司法豁免权。在当时的情况下,是很难在一个法庭上把一国之总统作为一个刑事犯来审讯的,但这些并不意味着没有对袁世凯及其党羽带来损害,把这个案件判下来之后,宋案作为一个阶段性的事件解决了。之后的事情,就是另外一个故事了,通过议会罢免袁世凯也罢,重新制定宪法限制袁世凯也罢,那是另外的故事,两个故事是两种逻辑,不可能通过一个宋教仁案件之司法审判来解决。

三是南方革命党企图就宋教仁案来实现他们的政治诉求,这是核心问题。法院缺席审判赵秉钧,赵秉钧先是被袁世凯罢免了总理职务,最后赵秉钧、应桂馨都于 1914 年意外死亡(这些都是在二次革命之后了)。无论是畏罪自杀,还是被人灭口,宋案到此也就结束了(但早已失去了司法意义),但这个结果不是孙中山想要的。孙中山认为,即使是这样,也未必能够达到他的预期。孙中山到底是想通过宋案来达到司法目的,还是实现政治目的?这点很值得探讨。

东方历史:这么说来,孙中山对宋案的解决有关键性的影响?

高全喜:在宋案中,即便袁世凯是元凶,但我觉得最大的问题仍在孙中山。孙中山的行为没有遵循日常国家的基础性共识,企图绕过司法,来实现政治诉求。孙中山的行为,有害于建国的正常路径。通过枪杆子来建立国家,这就使得建国的道路发生了根本性的转变。本来通过清帝逊位、南北和谈,这个国家建立起来了,此后国家内部遇到的一切问题,都该转化为司法问题。现在他打断了这个进程,重启军事,发动二次革命,使得各色人等都可以抛开现有的国家结构、现有的议会形式、现有的司法途径来诉诸于军事,再加上国内外的形势,致使后来的军阀政治与党国政治就坐大了。宋案后,孙中山建立军校,搞党军,然后军政、训政、宪政三段论就炮制出来了,这完全违背现代国家的正常路径。本来中华民国有一个好的开始,通过正常的议会制宪,制宪完成之后,把各方军队改建为国民军,一个现代国家或许就逐渐发育起来。应该看到,当时的民国社会也不是各路军阀横行天下,清朝遗留下来的旧式军队,已经解体了,剩下的主要就是袁世凯手下的军队以及冠之为革命军的地方武装割据势力,如果国家底定,它们将被合法改造为国民军的。

政治解决　共和蹉跎

东方历史:宋案影响了中华民国的建国路径,这点能再具体谈谈吗?比如说后来军事建国路线。

高全喜:军阀兴起的一个主要原因是孙中山的护法革命,开了一个坏头,不认同现代国家。那么,无论是有政治野心,要创建一个新政权的乱世英雄;还是谋取小团体利益的,要在地方上独霸一方的军阀,都有了可援引的惯例。各路强人纷纷崛起,都找到了口实。在1913年前,他们的上述作为是没有正当性的。官方不认同,老百姓也不认同。是孙中山把中华民国的既有结局打破了以后,这些人才开始有了理由。这个理由,随着观念的转变,从"帝王将相宁有种乎"到"枪杆子里面出政权",再加上一些地方自治式的武装割据,这些都为用武力来争权夺国提供了合法性。以前是传统的逐鹿天下的形态,在演变的过程中,一种新的组织形态催生出来了,就是不同于现代政党政治的新型"党"的形态。恰巧,在苏联有这么一个完备的布尔什维克党夺取政权的成功例子,世界时局又处在共产国际高潮期,共产国际在世界各地积极建立自己的支部。在这个过程,中国的道路也就进入了另外一条道路。这个道路就变成了国民党正史中所叙述的国民党的建国史,而我认为国民党的建国史,实际上是非常糟糕的。

东方历史：当时的时局有可能按照宋教仁的路径走下去吗？

高全喜：当时是有可能按宋教仁的方式来走的。宋教仁被刺后，如果同盟会中有一个准宋教仁的继承者，遵循宋教仁的道路，领导国民党，或许也是可以解决这个问题的。实际上，宋教仁开辟的道路才是更好的道路。宋的路径完全没有通过政党来控制军队，通过军队来塑造国家的激进主义革命内容。他的政党符合现代国家的政党组织和运作形式，即通过选举，通过参与议会，在议会中形成法律，这与布尔什维克组党、动员社会的方式不同。宋教仁被刺，正好给了孙中山一个契机，重新拾起过去的革命主张，而且又没了竞争对手，尽管孙中山也是艰苦卓绝，和苏联联合起来重塑国民党，使国民党变成带有一半布尔什维克气质、一半现代意义上的极权主义政党。在这个过程中，国民党后来的那一批政治家——无论是廖仲恺，还是胡汉民，无论是汪精卫，还是蒋介石，所谓国民党的左派和右派，基本上都是沿着孙中山这条道路走下去的。宋案后，国民党中的宋教仁这一脉，基本上已经出局了，这些人后来有的变成了士绅、国民党元老，还有一些变为知识分子。无论是政界还是军界，都是孙中山的路线占主流。后来国民党自然也就输给了共产党，因为共产党党性组织更强，动员群众更根本，革命更彻底。

东方历史：如果宋教仁案解决得好，对袁世凯后来的走向会有哪些影响呢？

高全喜：即便宋教仁案的结果没有达到大家预期的目的，但如果大家都遵从当时的司法裁决，袁世凯也不会走到后来洪宪称帝那一步。袁世凯当时的权力诉求并没有后来那么强横，宋案如果和平解决，势必使他蒙垢，权势反而会更加受到各种制约。那时候,虽然会有一个相对强势的总统诞生,但肯定是一个法制下的总统,而且军事的色彩逐渐会淡化。各个政党都有一个成熟的过程,而且也有换代的过程,袁世凯岁数也不小了,随着袁世凯的衰老,经过一二十年的政治演变后,中国社会会进入一个良性的循环,至少军阀不会坐大,各个政党会逐渐发育成熟,当时的中国极有可能会演变成一个现代意义上的民主宪制国家。当然,所有的现实政治不可能像想象的那么完美优良,里面肯定会有各种利益争执,打打闹闹是难免的,但只要这些东西都在法律、议会的框架之内运行,也就大体可以了。

东方历史:事实上宋案并没有得到很好的解决,以致 1913 年的政治态势风云突变,二次革命的爆发是否与宋案无法通过司法解决有关?

高全喜:如果各方政治势力能够遵守法院的判决结果,接下来遵循议会选举,原本可以转化为很好的态势。但孙中山不愿意走这条道路,所以我不认为宋教仁案是司法不能解决的,从而导致了二次革命。还有就是什么叫"解决得了"?通过审判一个罪案,把元凶找出来,这本身就不是法律诉诸的核心目标,元凶能否找出来?有些时候技术上是做不到的,只要在程序上达到了正义就可以了。可以说,法院判决了,宋案也就解决了。因为法院确实是依据法律意义上的证据(物证和人证)、援引相契合的法律条文作出的判决,这是第一层。第二层,法律对这个问题的解决,它的法律意义和政治意义应该区分。你诉求的是一个司法结果还是政治结果?刑事判决不可能实现政治诉求,但并不意味着司法判决与政治诉求无关,但两者毕竟不是一回事。无论什么样的司法判决,都会给政治斗争中的各派政治诉求提供相关的力量,但这已经不在法庭，而在议会。

东方历史：二次革命似乎也没有完全实现孙中山的政治诉求。

高全喜：翻翻史料我们就知道，二次革命其实很不得人心，很快就垮了。袁世凯的北洋政府在开始时的作为是很大的，无论是西藏、外蒙等边疆地区的治理，还是内陆省份的社会规制，还有修改不平等条约等一系列事情，都是袁世凯在做。但二次革命刺激了袁世凯，让他越来越独裁化。袁世凯这个人，我们不能说他是个好的政治家，但他后来的蛮横作为，与革命党的刺激是有关的。二次革命就是要通过军事手段来对抗袁世凯，那么，袁世凯也利用独裁手段，把这些革命党干掉，按照自己的意愿重新搞一个国会，最后结果是大家都知道的，很不好。政党政治被玷污了。

东方历史：1913 年是当时的中国紧要的一年，您能谈谈这一年对于后来历史进程的影响吗？

高全喜：1913 年，它折射出中国十年之后的光影。这十年，就一直没有搞出一个好的"国是"宪政框架，把孙中山通过宋教仁案所掀起的乱举给予安定好，这或许也是天意吧。这十年之间，中国转型时期的这些政治家、军事家，所谓的伟大人物，并没有解决好他们本该要解决的问题。我们看之后就要用一百年的时间来弥补这个过失。耽误的一百年的始作俑者，某种意义上说，就是孙中山。当然不是说他个人，而是他那个时代的理念、制度和方法。即便是袁世凯刺杀宋教仁，也并不意味着当时的社会就完了。这个事情是有正反两面的，处理好了反而是件好事。如果能经受住考验，那么司法在中国的作用就很大了，它能够让国家安定下来。当然，袁世凯也不是什么好东西，哪配称为"中国之华盛顿"呢？

东方历史:最后请您综合谈谈宋教仁案的总体看法。

高全喜:总结起来,我对宋教仁案独特的看法就是:(1)1913年是一个重要的年头(这点我在前面论述过);(2)1913年涉及国民党的路径辨析(宋教仁路线与孙中山路线);(3)司法与政治的关系。

重点说说第3点。我不同意"这个案子在司法程序中最终没法解决了,然后迫使孙中山付诸于革命"这个说法,这里面又包含几点:首先,我们要清楚什么叫"司法解决",在这个过程中,孙中山是真心想要诉求司法解决,还是想到达到一种政治目的。其次,司法与政治,它们既是相隔的,又不是完全隔绝的。通过司法解决完了之后,再回到政党政治之议会斗争的过程中,也是可以达到相应的目标的。所以我认为是可以解决的。最后,回顾这100年来中国的历史,我们关注的中心议题,未必就是要找到谁是刺杀宋教仁的元凶,然后让他来负历史的责任,这个很难找到,即便找到了,整个历史演变的责任也不该由这个人来承担。宋教仁对当时中国的意义,恰恰在被刺后更加凸显。至于是谁杀了他,我们可以当成是一个故事,一篇小说。如何处理这个事件,比探究谁刺杀他更为重要。元凶无关紧要,重要的是这个事情出来之后,整个民族的意识在转型过程中如何处理问题。这考验大众的认知,考验政治家的成熟,考验政治正义的诉求——不是个人野心,也不是党派利益。其实,个人利益和党派利益也不是问题,问题是放在什么样的框架下去实现这些利益,如果是放在法律、议会中去实现,都是没有问题的,但要是付诸枪杆子,性质就全变了。

最后,我的感慨是,用100年的时间来补偿这10年的损失,也未必补偿得了。这或许是今天谈论宋教仁案给我们的启示吧。

协商与代表:政协的宪法角色及其变迁

高全喜　田飞龙

田飞龙:高教授,您好,很高兴应您之约继续就百年中国的宪政转型主题展开进一步的讨论。我注意到最近两三年您在学术研究的重心上有一定的调整,即从侧重早期现代宏观思想背景梳理的政治思想史层面转换到侧重百年中国宪政转型的政治宪法学层面。这一学术调整的效果是显著的。2011 年,您推出了《立宪时刻:论〈清帝逊位诏书〉》①一书,享誉海内外。2012 年,您又就八二宪法主题连续发表对话或论文②。在我看来,您对中国宪法史与宪政转型问题的研究可谓独辟蹊径,既非以材料为中心的

---

① 参见高全喜:《立宪时刻:论〈清帝逊位诏书〉》,广西师范大学出版社 2011 年版。

② 有关对话参见高全喜、田飞龙:"八二宪法与现代中国宪政的演进",载《二十一世纪》(香港)2012 年 6 月号;有关论文参见高全喜:"革命、改革与宪制:八二宪法及其演进逻辑",载《中外法学》2012 年第 5 期;"政治宪法学视野中的八二宪法",载《清华法学》2012 年第 6 期。

传统史学模式，亦非局限于条文注释和案例模拟的宪法教义学模式，而是一种融合历史与哲学路径的政治宪法学模式。这一次，您决定选择“政协”这一主题，有何特别的思考呢？

高全喜：刚才你提到我的学术调整，概括得较为准确。《立宪时刻》出版之后，引起学界和社会较大的反响，不少学界朋友跟我说，那本书无论是方法论还是思想路线都有创新和综合提升的表现。这些年来我一直有一种很深的忧虑，即现有的关于百年中国宪政的史学研究和法学研究各说各话，有的只是关注某个历史细节或制度条文的考辩，缺乏深沉的历史哲学视野和长时段的演化史观。我去年对八二宪法的研究也大体延续了《立宪时刻》的基本风格。

至于政协话题，我在《立宪时刻》中已隐约触及，因为在那一次的“中国版光荣革命”中，立宪派的政治协商功能已经显露。政协更精彩的表现是在1945年和1949年，其以“协商制宪”的模式分别缔造了国民党的1947年民国宪法和共产党的1949年共同纲领，在宪法意义上为今日海峡两岸的政治格局奠定了法统基础。然而，政协在辉煌之后却归于沉寂，在大陆逐渐被改造为“多党合作与政治协商制度”的一部分，政治功能被大大弱化和限定，在台湾则于国民党赴台之后销声匿迹，在岛内戒严政治和族群政治中并无突出表现。政协及其背后的立宪派建国路线是中国立宪史上的一道极其亮丽但并非主流的风景线，和居于主流的、由国共两党分别担纲的“党治国家”建国路线形成长期的历史与价值角力，并构成后者结构转型的重要推动力。我们今天的宪法史研究大多在国共两党各自的法统内展开，对于政协的历史功绩、宪法角色与未来政治定位关注不足，挖掘不够。未来中国，无论是两岸政治统一,还是大陆自身的政治转型,政协的基本经验都不容忽视,不可或缺。这是我决定从事这一主题研究的基本背景。

田飞龙:我很赞同您的基本方法与思路。我记得姚中秋教授曾专门撰文梳理过现代中国的"保守宪政主义"思想与政治传统,[①]对晚清至民国数波立宪潮中的思想精英及其政治文化背景进行了概括,其中不少具体观点与思路与您相近。我也曾将您在《立宪时刻》中展示出的新的历史方法论概括为"保守改良主义",定位为一种具有自由内核、保守取向和大历史意识的立场。[②]在我看来,政协是可以纳入"保守宪政主义"或"保守改良主义"的思想脉络中予以重新阐释和挖掘的。

高全喜:是的。我看重政协还有一个缘由,因为它是一种超"党治国家"的历史现象与政治存在,与20世纪大革命中的国共两党均保持着相当的政治距离,其中流淌着具有普适性的自由共和主义精神血液。为了更好地理解政协的来龙去脉及其宪法角色,我们还是得从100年前说起,从中国现代史上的第一个共和国及其立宪时刻说起。

田飞龙:好的,我们就从那一次"失败的光荣革命"说起。

协商建国的早期传统

高全喜:辛亥革命本身并不能说是失败的,甚至其开局非常良好,以极低的代价建立了中国而且也是亚洲第一个现代共和国。

---

① 参见姚中秋:"论现代中国的保守——宪政主义思想与政治传统",载《洪范评论》(第十三辑),三联书店2011年版。

② 参见田飞龙:"保守改良主义与百年共和",载《战略与管理》2011年第3/4期合编本。

言其“失败”,是因为它所宣扬的自由共和价值与政治美德没有巩固与存续下来,而是逐渐被军阀政治和党治国家所冲破。辛亥革命开局良好的重要原因就在于立宪派的协商建国努力。我们知道,在武昌首义、举国动荡之际,立宪派在革命党、清廷及北洋军阀诸派势力的夹缝间积极奔走,最终促成了清帝逊位和革命派总统退位,使得中国由大清帝国全身进入中华民国的历史新纪元。当时革命派与北京政府的“南北和谈”,立宪派起到了一种“早期政协”的作用,他们和后来的政协力量一样,有钱有位,但无权无枪,凭借的是对社会秩序的责任感、对传统文化与西方新价值的兼容并取以及诉诸理性与妥协的政治精神与各种政治强力沟通对话。他们是一群眼界开阔、胸怀天下同时又理性开明的“君子”与“士绅”。①

田飞龙:这一群人在武昌首义之后为保全中国作出了积极努力。一方面,他们利用地方性影响积极承担起革命之后地方秩序的维护责任,确保江南地区的基本稳定。另一方面,他们对革命派与清廷及北洋军阀同时展开说理与对话,使“五族共和”成为现实,著名的《清帝逊位诏书》就是立宪派领袖张謇起草的。② 如果说《临时约法》从革命者的共和主义理想角度勾画了中华民国的宪制蓝图的话,《清帝逊位诏书》则为这一蓝图的展开提供了完整的疆域、国族和政治前提。

高全喜:这是一种“一退一进”式的光荣革命,清帝全身而退,

---

① 关于这些精英与治理秩序的关系,参见姚中秋:“君子或绅士中心的秩序”,载《读书》2010 年第 12 期。

② 具体参见高全喜、田飞龙:“辛亥革命与现代中国”,载《南方论丛》2011 年第 4 期。

民国全身而进。识大体,知进退,这表明当时的中国政治精英还具有某种节制美德与妥协精神。立宪派的“早期政协”工作也很出色,他们成功地消磨了清廷的保守倾向和革命党的激进倾向,完成了民国奠基之初的历史综合。然而好景不长,1913 年的“宋教仁案”彻底颠覆了民国宪政常态化的理想。

田飞龙:宋案是中国议会政治的重大挫折。本来,在宋教仁的努力下,国民党一度朝着标准的议会政党转型,同时还倒逼袁世凯组党参与宪法程序内的政治竞争,这一政党化的进程还将立宪派中的诸多力量包括维新派的梁启超等纳入其中,初步显示出《临时约法》的宪法实效和立宪派在协商制宪之后力主议会政治的历史成果。

高全喜:从宪政原理上讲,议会政治依赖于多元主义,是现代政治力量整合与互动的理性化的系统架构。宋案的发生无情中断了经由立宪派“早期政协”工作所缔造的共和宪政进程。宋案之后,国民党内黄兴等人主张法律解决,上海地方司法机关积极介入,发出了对国务总理赵秉钧的传讯命令,但孙中山坚持武力解决,发动二次革命,失败后在日本组建中华革命党。政治强力一旦刀兵相见,立宪派及政协机制就自然靠边站了,因为主导逻辑又回到了后来毛泽东所概括的“枪杆子里出政权”。

田飞龙:中华革命党可不是什么议会政党,同时也区别于之前的同盟会及国民党,其建党原则中已经包含了后来的“党治国家”的某些要素,比如效忠领袖原则。

高全喜:显然,宋案对孙中山刺激很大,二次革命的急速失败进一步强化了这一刺激,于是他要求重回革命理想主义与激进主义的建国轨道,建立更具纪律性和战斗力的政党。但事与愿违,孙中山的建党事业并未显示出太大的成效，直到后来借助列宁主义和共产党的政治援助而完成国民党的改组与改造之后，才轰轰烈烈起来。20 世纪 20 年代的政治景观与 20 世纪初期大为不同：1921 年，共产党成立，西方政治现代性中的激进主义经由苏俄影响培育而在中国扎根；1924 年国民党完成改组，确立"党治"原则和"训政"方针，而同期的"黄埔精神"则成为一种严酷的"军政"精神。传统的立宪派继续靠边站，中国的政治协商与合作开始在国共两大政党之间展开，他们的共同目标是反帝反封建。

田飞龙：这实际上标志着民国政治进入了"大革命时代"。立宪派的早期政协及议会政治努力宣告失败，但他们并未彻底放弃对中国政治与社会的影响：经济领域，他们利用"一战"中列强纷争留下的裂隙加速推进民族工商业的发展，为中国奠定更坚实的现代化基础，并培育出与这些经济基础相适应的时代价值和社会阶层；文化上，他们在逐步兴起的学院体制内著书立说，与激进取向的新文化运动形成必要的张力平衡；政治上，他们倾向于有保留地与国民党政府合作，推动其尽快完成向宪政的过渡。

高全喜：在这一点上我们也确实需要注意国共两党的差异。孙中山毕竟长期在欧美社会生活，领导过辛亥革命的反专制主义斗争，所以不可能完全接受列宁主义。我记得王奇生教授的书中就提到过孙的政治思想格局是"三民主义为体，俄共组织为用"①，列宁主义只是用来服务于"军政"和"训政"时期的阶段性政治目标，而最终还是要被摒弃，所走向的是体现三民主义的"宪

① 参见王奇生：《党员、党权与党争：1924～1949 年中国国民党的组织形态》，上海书店出版社 2003 年版，第 11 页。

政”。共产党人与孙中山不同,他们对列宁主义的接受则比较系统化,相对完备和忠诚,在其核心教义中并不存在明确的“宪政”目标,因为它的国家不过是一个“专政国家”,其服膺的目标是最终的共产主义。

田飞龙:所以,国共两党的大革命合作并不能持久,甚至“军政”阶段都还没有走完。1927 年的“四一二”政变宣告了国共两党第一次合作的结束,随之展开的是国共的十年内战和国民政府的“黄金十年”。1931 年,国民党制定了《训政时期约法》,从法律上结束军政,进入训政,但内忧外患不断,军政在事实上不可能结束。同年,共产党在江西瑞金制定《中华苏维埃共和国宪法大纲》,建立中华苏维埃共和国。“一国两制”提前到来。

高全喜:这实际上确定了后来的旧政协(1945 年政协)宪法任务的两个基本层面:一是推动国民党内部从“训政”主动走向“宪政”;二是通过政治协商促成国共第二次合作,建立宪政基础上的民主联合政府。所以,在 20 世纪 30 年代以来国民党的“攘外”与“安内”的政治变奏之中,新的立宪派就又开始了积极的政治努力,他们为上述两大协商制宪任务而积极奔走。立宪派们这一次似乎在政治上更加成熟,多管齐下,多头并进:一是有立场地推动并参与国民党在抗战之前的宪法起草工作,影响国民党法统内的宪政转型;二是与共产党人进行政治接触,协调联合抗战以及战后建国问题,比如 1938 年梁漱溟与毛泽东的彻夜对谈以及 1945 年黄炎培与毛泽东的窑洞对话;三是自主建党,通过政党化的组织活动扩大政治与社会影响力。

田飞龙:他们的这些努力还是很有成效的。毛泽东在 1940 年代有比较集中的关于新民主主义宪政的论述,中共七大上更是提出了联合政府理论。① 这里固然存在着共产党自身的革命阶段论构想以及统战策略的考虑,但也与立宪派日益彰显的立宪主张之影响不无关系。

高全喜:随着抗战的胜利,协商建国问题开始提上正式的政治议程。抗战以血与火的考验与凝聚初步完成了中华民族共同意识的塑造,使得中华民族在政治上成熟起来,为1945年的协商制宪提供了政治基础。在抗战提供的客观条件以及立宪派表达的立宪主张之下,无论是国民党法统内的"训政"到"宪政"的转型,还是共产党法统内的"专政",都不可能再按照各自预定的节奏、路线和方案展开,而必须开创一种新的建国路线。这种新的建国路线就是1945年旧政协的路线。新的立宪派继承了20世纪初期早期立宪派的政治协商经验与传统,获得了进一步的政治发展与成熟,成为战后一股不容忽视的政治力量。中国立宪史进入了再一次的"协商制宪时刻",可惜的是,这又是一次"失败的光荣革命",但这一次失败却有着不同凡响的影响和遗产。

1945年旧政协的理想与失败

田飞龙:其实严格按照孙中山的《建国大纲》和1931年的《训政时期约法》,民国由"训政"向"宪政"的过渡采取的并不是精英取向的"政治协商"模式,而是民众取向的"地方自治"模式,以全国半数的地方自治达标作为实行宪政、还政于民的基本前提。当然,这一过程是可以在各种"理由"之下不断被延期的,具体节奏

① 毛泽东:"新民主主义论"、"新民主主义的宪政"、"论联合政府",载《毛泽东选集》,人民出版社1964年版。

由国民党一党裁决。这一过渡模式是一种严格的体制内转型模式,排斥外部政治精英与力量的实质性参与。

高全喜:尽管如此,由于国民党的政治基础本身就是多元化的,内部派系林立,立宪派社会人士与自由知识分子还是可以寻觅到适当的参政空间。实际上,关于"协商制宪"的问题,在抗战中后期就已经在酝酿了。民主立宪,和平建国,可以说是大势所趋,是真正的"民意"。在政治上日益成熟和组织化的立宪派对此心领神会,积极奔走。在此直接而强烈的"民意"之下,民族利益和宪政前途压倒了政党私利和阶级利益。

在抗战后期,国共两党相继发表了回应这一"民意"的政治声明。国民党方面在最初立场上依然坚持1936年的《五五宪草》框架。1943年9月,国民党五届十一中全会决议通过《关于实施宪政之决议案》,规定在战争结束后一年内恢复召开制宪国大。1943年11月,国防最高委员会成立宪政实施协进会,研究《五五宪草》和制宪问题。以民盟为代表的立宪派不满足于此,提出了自身的立宪主张。1945年8月15日,日本宣布投降,中国民主同盟发表《在抗战中的紧急呼吁》,提出"民主统一、和平建国"主张。共产党的主张与立宪派形成合力。1945年8月25日,中国共产党发表《关于目前时局的宣言》,提出"和平、民主、团结"主张,要求召开国是会议,商讨抗战后各项重大问题,制定民主施政纲领,结束训政,成立举国一致之国民政府,筹备国民大会代表的自由普选。

田飞龙:面对民盟等立宪派以及作为实力派的共产党的政治协力,国民党很难再坚持原议,不得不逐渐敞开政治胸怀,放松政治立场,容纳体制外政治力量的实质性参与。应该说,旧政协得以成为国民党制宪的优先与前置程序，来自于一次决定性的政治决断，这一决断确定性地开启了战后的制宪过程。

高全喜：对，应该从政治决断的宪法意义上，来看待1945年10月10日国共双方在重庆签署《政府与中共代表会谈纪要》（双十协定）。这个协定认同结束训政实施宪政，并由国民政府召开政治协商会议，讨论和平建国方案及召开国民大会等问题。双十协定以国共两党的联合名义发布，这是当时中国最有实力的两大主要政党的联合意志，是对“民主立宪，和平建国”这一根本“民意”的政治确认与表达。在国共联合作出关于立宪的政治决断之后，旧政协正式开始筹备运作，其主要目标是协调各方具体立场，起草宪法修改原则草案。尽管新的制宪过程是以尊重国民党领导权、参与修改《五五宪草》的形式展开的，但立宪派的主张和共产党的立场具有新的构成性意义，对原有草案形成结构性与实质性修改。后来的1947年宪法内容本身充分证明了旧政协制宪工作的实质成效。

双十协定确实构成了中国战后国家重建的政治决断基础，某种意义上可以视为第二次国共合作的继续。除了民盟等立宪派基于自由民主理想的宪政主张之外，我注意到共产党人在这一重大问题上也进行了积极的理论探索和立场调整，即不再固守严酷的阶级斗争理论，而发展出一种“新民主主义”理论，在战后政治立场上就体现为中共七大报告中的“联合政府”理论。实际上，在1946年的旧政协代表构成上已经体现了这样一种“联合政府”原则：共38名代表，国民党8席，共产党7席，民盟9席，无党派9席，中国青年党5席。这样一种高度均衡化的政治代表性，在中国立宪史上恐怕是极其罕见的。联合政府理论是个好点子，我觉得有点“混合政体”的味道。

田飞龙：是的，处于执政党地位的国民党也不过只有 8 席，国共两党代表总和不超过一半。难怪旧政协决议最终能够充分体现民主宪政的基本原则与精神呢。联合政府确实具有混合政体的印痕。我觉得共产党提出这一理论不是偶然的，是自身政治实践、理论反思与策略设计的综合结果，其依据大体包括：(1)革命阶段论的实践理性运用；(2)抗日根据地政治实践中的“三三制”经验；(3)与国民党的合作历史及对孙中山民主主义法统的追溯；(4)对立宪派及全国民意的合理解读与回应；(5)对自身实力及其政治地位的正确评估。

高全喜：从严格的教义立场来看，国共两党在列宁主义影响之下，都希望追求一种简洁而严酷的政治一元主义。蒋介石就曾将“党治国家”原则解释为“一个主义，一个政党，一个领袖”。对于共产党而言，其内部左倾力量尽管反蒋，但在原则立场上也必然接近上述“一统天下”的解释。但是抗战改变了这一切，每一阶层都以其实际行动与牺牲作出了巨大贡献，开始了实质性的政治自觉和政治参与。旧政协就是在这样一种政治多元主义的氛围中发挥历史作用的。

政协代表构成上的实质多元化保证了政协决议的宪政属性。1946 年 1 月 25 日，政协通过《宪草修改原则》十二条（即政协决议）。在此基础上，旧政协委托立宪派领袖张君劢担任宪法起草人，使得政协决议与立宪派主张更好地结合进了更为正式的宪法草案之中，而不再受到《五五宪草》的严格限制。1946 年 1 月 31 日，政协通过《和平建国纲领》，并决议于 1946 年 5 月 5 日召开制宪国大。国民政府成立宪草审议委员会对《宪草修改原则》进行审查，由政协秘书长雷震负责整理宪法条文。制宪形势一度大好。

田飞龙：可是好景不长，国民党很快就对政协决议突破《五五宪草》的趋势进行了反弹和遏制。1946 年 3 月，国民党召开六届二中全会，明确指出政协决议破坏《五五宪草》基本原理，要求制宪必须以国民党的《建国大纲》作为最基本的依据。同期，蒋介石于国民参政会第二次会议上宣布政协会议不是制宪会议，只有国民大会有此职权。这里就出现了一个理论性的问题：旧政协在宪法上到底是什么？

高全喜：如果制宪会议指的是有权直接通过宪法的特别代表会议，那么旧政协确实不是制宪会议。我们可以联系一下美国的费城制宪，如果有人主张费城会议不是制宪会议，也没有大错，因为原来的《邦联条例》并未授予此次会议以制宪权力。但人们习惯上也称美国的费城会议为制宪会议，尽管它所具有的权力不过是一种制宪建议权。在此意义上，旧政协也可以被宽泛地称为制宪会议，但其权力类似于费城的制宪建议权，本身并不具有制宪权。后来的 1949 年的新政协则具有完备的制宪权。

应该指出，国民党的反弹可以视为对旧政协工作性质的一次质疑：这到底是以国民党《建国大纲》和约法体制为前提的，针对国民党版的《五五宪草》的一次修宪行为，还是突破国民党法统而直接诉诸人民主权的一次制宪行为？国民党与蒋介石的理解自然是前者，而民盟等立宪派与共产党的理解自然是后者。这里暴露出了国民党与体制外政治力量之间的实质性分歧，这一分歧最终导致了共产党的退出与旧政协的失败。

田飞龙：其实国共两党在政治协商中的真诚度都不及立宪派，双方在政治协商的同时都在加紧军事准备，而且局部摩擦不断，政治信任从未实质性确立。与旧政协工作同步展开的是军事整顿与统编问题,我记得这也是美国特使马歇尔的调停重点。这里出现了一个困扰国共两党的死结:“政治民主化”与“军队国家化”的优先性问题。共产党主张“政治民主化”优先,这样可以获得政治安全保障。国民党则主张“军队国家化”优先,这样有利于国家统一。双十协定和政协决议都未能圆满解决这一问题。

高全喜:关于作为政协决议的《宪草修改原则》,共产党在国民党压力之下曾有妥协意见,但很快收回妥协,坚持原议。国民党方面则成立了专门的宪草审议委员会,积极介入后续制宪工作,并于1946年4月19日完成了作为新宪法底本的《政协宪草》,但共产党不予承认。1946年6月26日,国民党军队大举进攻共产党中原解放区,解放战争正式拉开帷幕。旧政协在结构意义上面临解体,但国民党主持的制宪工作依然延续旧政协名义并继续推进。1946年11月15日,国民政府在南京召开制宪国大,共产党没有参加。1946年12月25日,制宪国大在《政协宪草》基础上通过《中华民国宪法》,宣布1947年1月1日公布,同年12月25日实施,正式结束训政。这部宪法成为中华民国第一部正式宪法,主要起草人张君劢因此而享有“中华民国宪法之父”美誉。

田飞龙:尴尬的是,这部宪法从诞生之初就是先天不足的。作为中国主要政治力量之一的共产党未能走完制宪全程,立宪派也面临着分裂,在国共两党之间各自站队,新宪法的政治统合作用大大削弱。由于严酷的内战环境,国民党需要的不是一部常态宪法,而是一部战时宪法,但又不能在制定之初即予废止,所以,这部宪法在实施之后最先动用的条款就是总统的紧急状态权力,这多少有些反讽。1948年5月10日,《动员戡乱时期临时条款》颁布，宪法主要条款被冻结，国民党戒严体制形成。新宪法被束之高阁，国民党重回“军政”阶段，孙中山的三阶段论开始从头演绎，直到台湾地区在1980年代完成政治民主转型。在大陆，则旧政协的某些理想在新政协中获得了实现，但并不完全，也没有持久。

高全喜：不过，我觉得旧政协还是有着积极的历史贡献和宪法价值的。这部新宪法在形式意义上终结了国民党的“训政”阶段，兑现了孙中山的宪政承诺，彰显了辛亥革命内蕴的自由民主价值，成为国民党所领导的现代立国与“六法全书”体系化的一个高潮。尽管蒋介石领导的国民党政府在新宪法通过之后依然保持较浓厚的专制色彩，但该部宪法在整体上确立了理想主义的基本框架与标准，同时也成为台湾地区民主运动的法律基础。如果没有这一部宪法作为理想标杆，台湾地区的民主转型是无法想象的。更重要的是，尽管共产党在后续制宪中退出，但它的早期努力以及立宪派贯穿始终的宪政主张最终还是在国民党主导的制宪成果中获得了较大程度的体现。

从历史时段来看，旧政协是国共第二次合作的尾声。这一政治经验对共产党本身也极富启发。为了汇入战后国家重建的主流之中，共产党本身也进行了严酷的理论反思与构造，其新民主主义论和联合政府论与民主宪政之间存在着较强的亲和性。1949年的新政协、作为建国临时宪法的共同纲领以及邓小平时代的体制改革，都从这一基本经验中继承并发扬了有益的思想与制度要素。今天还屡有党内外人士主张回到新民主主义路线，其背景显然与立宪派推动的旧政协模式无法进行有效的切割。所以，旧政协是20世纪中国宪政运动的重要制度创造，它不仅是1947年宪法的“助产士”，而且直接影响到新中国的制宪与建国模式，并逐步转型为新中国的一项重要的宪政制度。

前已述及，国民党抗战之后的宪政转型并不是严格按照建国大纲和训政约法的步骤与标准展开的，而是建立在抗战之后的全新的政治基础之上，即党派协商模式。尽管国民党最终排斥了共产党和民盟对制宪过程的参与，但后两者对于1947年宪法的实体内容具有历史性的贡献。而且，经过旧政协时期的政治合作，共产党与民主党派在基本政治原则与合作方式上已经具有共识基础和基本经验，这也是1949年的新政协顺利召开和新中国顺利制宪建国的重要历史基础。在某种意义上，1946年的旧政协就是国民党从"训政"转型为"宪政"的制度中介。

田飞龙：所以，对于旧政协的成败需要辩证地看，需要后人予以严肃而正确地认识、评价与创造性运用，因为作为其失败的制度性后果，两岸统一还未寻找到合理的理论与制度模式。

高全喜：我觉得1945年、1946年的旧政协和1949年的新政协是有历史连续性的，但也有着重要的断裂，尤其是在制宪背景与制度功能上存在重要差别。新政协后来在大陆体制内的演化与变迁也不是立宪派最初能够预料到的，因此我们还是需要进一步谈谈1949年的新政协及其变迁的问题。

1949年新政协的制宪与转型

田飞龙：共产党尽管在后期退出了旧政协和国民大会，但有一个重要的成果，即获得了民盟等立宪派的政治同情，积累了与这些政治力量协商进退的政治经验。在1948年三大战役格局初定的背景下，共产党已经将召开新政协、建立新中国的任务提上了议事日程。1949年2月，共产党发布解放区通令，废除"六法全书”,确立了解放区司法原则,为新中国的成立预留了宪法空间。[1]

高全喜:共产党在旧政协中的政治表现以及解放战争中民意的一边倒,使得旧政协中的诸多立宪派人士对之寄予厚望,比如张澜、黄炎培等人。蒋介石曾声称政协不是制宪会议,共产党则将新政协明确定位为制宪会议,具有制宪权力,代表全中国人民的政治意志。在1949年新中国建国的政治叙事中,政协达到了其政治生命的巅峰:(1)作为制宪会议直接行使制宪权;(2)作为新中国第一部宪法的《共同纲领》全称为《中国人民政治协商会议共同纲领》,政协的组织纲领直接作为国家的宪法纲领;(3)在行宪意义上,在全国人民代表大会选举产生之前,代行全国人民代表大会职权,成为宪法上的最高国家权力机关。

田飞龙:从代表性上来看,相比1945年的旧政协,新政协无论在代表数量还是在政治覆盖面上似乎都要更为广泛。第一届政协于1949年9月21日正式成立,代表来自46个单位,总数为662人(含候补代表77人,特邀代表75人),分为五个界别:政党代表、区域代表、军队代表、团体代表和特邀代表。当然,这些代表不包括国民党法统内的、反对共产党的政治派别与力量。此外,由于解放战争还在进行之中,不可能组织真正意义上的代表普选,而只能由各界别在分配的代表名额范围内自主推荐。这一程序上的瑕疵并不能减损新政协的政治代表性和正当性。

高全喜:确实如此,新政协在1949年的功能已经不限于1945年的“政治协商”,而是直接作为中国人民的代表行使制宪权了。

---

① 关于这一新旧法更替的宪政转折意义,参见高全喜、张伟、田飞龙:《现代中国的法治之路》,社会科学文献出版社2012年版,第131~162页。

而共同纲领本身也主要体现了1945年旧政协框架内立宪派与共产党的主要政治理想。共产党人以“各革命阶级的联合专政”这样一种列宁主义式的政治术语表达了新民主主义和联合政府论的政治精髓,而立宪派也大体认同这个共和国的组织原理。我记得陈端洪教授专门研究过1949年《共同纲领》制定中的制宪权问题,称之为“第三种形式的共和国的人民制宪权”①。无论如何,我感觉新政协的制宪是共产党政治成熟的表现,相比于五四宪法及其后的宪政规划具有独到的高明之处。

何谓成熟呢?新民主主义本身只是过渡安排,在党的政治规划中分量不大,但就是在这分量不大、过程短暂的制度实践中,充分体现了共产党政治治理的成熟性、丰富性、开放性与包容性。五四宪法之后,政治上日益激进化,对国家社会的性质认知与治理安排不够成熟,合法性根基弱化,依靠虚幻的理想和力量投入建立了比《共同纲领》更纯粹和更理想化的体制,但其执政的合法性基础和具体的治理绩效却在退步。改革以来,中共决策层一直在试图恢复《共同纲领》的合理要素,建立常态化的法治社会,但至今没有完成。新政协是共产党的重要政治遗产,但无论是在政治实践还是在理论研究中,朝野各界对其一直重视不够。

田飞龙:这并不奇怪。在共产党的教义体系内,新民主主义只具有过渡性质,联合政府也只能是一种暂时性安排,在条件成熟时自然要向社会主义过渡。20世纪50年代的历史就印证了这一政治路线图。此外,从共产党人的立场来看,无论是新政协还是

---

① 参见陈端洪:“第三种形式的共和国人民制宪权——论1949年《共同纲领》作为新中国建国宪法的正当性”,载陈端洪:《制宪权与根本法》,中国法制出版社2010年版。

旧政协,都有着统一战线的功能。新政协在“协商”与“代表”之间有着复杂的定位。

我同意您的“成熟说”,无论沧海桑田,1949 年的共产党人和立宪派还是成功地通过制宪建立了新中国,其基本经验在于:(1)将统一战线转变成建国方案,是毛泽东的创造,构成第三种形式的人民共和国(陈端洪语);(2)《共同纲领》反映了当时的社会基础、力量构成和民心所向,符合民主共和立宪的基本原理,将资产阶级共和国和无产阶级共和国的合理因素进行了实践性综合,寻找到了一种本土化的普遍方案,为后发国家建立共和国提供了重要经验;(3)对现代中国之共和、协商、代表相综合的建国传统进行了深化,为人民主权的制度化进行制度性准备(代行人大职权);(4)《共同纲领》序言体现了党所认同的新民主主义建国理念,在制度安排上体现了政党平等的民主原则;(5)新中国第一届政府构成体现了政党平等和政治制衡,是对当时社会结构的一种合理反映。

高全喜:正是由于《共同纲领》的创造性表现及其政治效果,1949 年之后的共产党人在一段时期内甚至都不愿意重启制宪过程。不过,两个因素导致五四宪法的制定在时间上被大大提前:(1)朝鲜战争促使共产党加速国内政治整合,《共同纲领》所根植的政治与社会多元化格局日益被打破;(2)冷战体系的影响,斯大林催促中国共产党加紧模仿苏联 1936 年宪法制定出一部社会主义性质的宪法,彻底解决社会主义政党统治合法性的问题并为中国的“一边倒”政策进行法律上的背书。中共最终接受了这一建议,1953 年通过了《选举法》,启动代表选举和正式制宪,1954 年通过了《宪法》。至此,新政协及其制宪成果《共同纲领》完成了历史使命,“代行”模式终结,其政治代表性实际上已被取消。

田飞龙:所以,后来甚至有民主人士提出各民主党派是否还有必要存在。毛泽东力主保留了各民主党派,新政协在组织上依然存在。

高全喜:在我看来,这与共产党对政协功能的多重定位有关:政协一直是统一战线组织,经常成为政治协商组织,有时成为制宪机关。在五四宪法之后,尽管政协的代表性功能大大弱化,但其协商性功能和统一战线功能并未消失。此后,新政协就基本上循着协商性功能和统一战线功能进行着角色调适和功能强化。共产党对新政协及各民主党派的功能限定实际上堵住了这些政党以组织形态进入议会政治的可能性。

这里有一个关键点不能忘记,即新政协的转型存在着一个默认的政治前提,就是共产党的领导。在《共同纲领》中,基于“联合政府”的政治承诺,共产党的领导在制度上还不十分突出,政党平等还存在一定的制度依据。但是五四宪法改变了这样一种政党关系模式,确立了共产党的法定执政权,其宪法含义在于共产党的执政权不依赖于周期性的政治选举,而依赖于宪法上的明确宣告。这一原则被陈端洪教授称为“第一根本法”①,八二宪法中有,五四宪法中也有。新政协的转型定位只能与这一根本政治原则进行协调,因此新政协就只能作为一种政党制度,而不是一种国家制度,在宪法意义上是一种“前国家”的制度安排。这也是为什么五四宪法之后,政协的宪法地位一直不够明确的根由。对于

---

① 参见陈端洪:“论宪法作为国家的根本法与高级法”,载《中外法学》2008年第4期。

这样一种中国特色的政治制度,苏联的党治国家体系中缺乏成例可循,需要中国共产党人进行制度创造。

这一制度创造的结果最终反映在1993年的宪法修正案之中。新政协及其民主党派的宪法角色被确认为:(1)协商性功能:多党合作与政治协商制度;(2)统一战线功能:最广泛的爱国统一战线。这里面就出现了一种特殊的中国政治现象:有政党,但没有政党政治。因此,中国的政党制度与西方存在很大差异,这是一种侧重协商的合作型政党制度,而不是一种诉诸周期性选举和议会内博弈的竞争型政党制度。故而,欠缺决策权配置的政治协商不具有政治性,不具有代表意义,只具有咨询意义。尽管每年的"两会"已成宪法惯例,但政协会议在制度上不可能作出任何具有法律效力的决议,政协委员们可以"议政",但不是在"议会"内议政,而是在自身的委员会内议政。这也佐证了中国政体设计上的"一院制"定位。

田飞龙:有一个现象我一直比较关注,就是政协的领导权问题。从第一届政协开始,其全国委员会主席一直是共产党的高级领导人,而各民主党派的领导人也逐渐具有双重党籍,党内重要人事任命也需要接受共产党的领导。这固然完美地贯彻了党的领导原则,但似乎破坏了政党自治与政党独立,似乎各民主党派与共产党并不是同一类事物。

高全喜:以我的观察,它们确实不是同一类事物。在现有的制度安排之下,政协领导权归属共产党,各民主党派在制度上与共产党不存在任何有意义的政治竞争。我们的体制对各政党的名分是有明确分配的,共产党是"执政党",各民主党派是"参政党",相互之间是"兄弟党"。这里不存在"政党父权",却存在具有父权意味的“政党兄权”，长兄为父。这很像一个政治大家族，以“政党”的名义建构起来的、具有中国古典“家国同构”意蕴的政治组织体系。这就形成了一种“执政党/参政党”关系模式下的的政党等级制，取代了共同纲领中的政党平等制。① 这是一种政治社会学的描述，不掺杂政治价值判断。

田飞龙：看上去这样一种政党制度安排有其合理性：(1)克服了西方政党政治的不稳定性，形成了超稳定的政党结构，形成了政党与国家之间稳定连续的领导关系；(2)较容易吸纳非党员的社会精英，使其参与国家公共事务并可担任重要职位（针对个人），改革以来这一渠道在不断扩大；(3)为社会精英（社会多元结构）提供流动管道，强化政治吸纳机制与政治整合能力；(4)为中央决策提供必要的审议理性。

高全喜：你说的这些合理性我们也不能否认。确实，这一制度强大的政治与社会吸纳能力既汲取了大量的管理技术人才，又有效消解了体制外政治力量实现横向联合并形成多中心格局的可能性。这在统治术的意义上可以得高分。这也是中共体制比苏联体制更富弹性和抗压能力的奥妙所在。不过，合理性分析不能代替正当性论证。就像香港的“行政吸纳政治”模式不能持久一样，我觉得目前的政协制度所体现的“政党吸纳政治”的模式也不能持久。在中国宪政转型的大格局中，政协的再转型是一个不容回避的宪法命题。

我的理由是这样的：(1)前述制度安排只是“术”，不是“道”，

① 关于中央对这一政党等级制的演变及其合理性说明，参见《中国的政党制度》（白皮书），国务院新闻办，2007年。

无法适应未来社会转型中精英参政与建构政治自主性的需要，这构成了“道”层面的不正当；(2)现有制度安排无法激励具体的政协成员发挥出审议理性，也难以对国家大政方针起到实质性贡献，政协委员只是追求个人名利，缺乏团体政治的自觉与公共理性的呈现，缺乏代表性，缺乏责任感，这构成了“术”层面的无效率。

田飞龙：我同意您的这两点理由。尽管目前的政协制度在新中国前60年尤其是改革30年起到了巨大的政治整合与吸纳作用，实现了政治社会的基本稳定与合法性的有效维持，但随着政治体制改革的深化、宪政转型的推进与精英/大众民主参政的实质化，现有体制正面临着政治多元化的巨大挑战。这些挑战无法通过“民生”议题予以有效应对，因为“民生”的根本在民权，在于有效制约政府侵权，同时精英层追求的不是社会保障意义上的“民生”，而是政治权力。

高全喜：其实，政协再转型的问题早在八二宪法制定过程中就有人提出来了，即所谓的“政协上院化”的提议，当时的反驳理由似乎很奇怪——如果政协上院化，中国就是两院制，国务院到底听谁的呢？[①] 这肯定是一种对宪政原理的误解。两院制不是两个司令部，而是一种立法制衡机制。国务院听法律的，而不是听任何一个议院或其领袖的。

针对当今中国的社会政治状态，我觉得应该进一步推动政协的再转型，使得百年政协能够进入议会政治，成为一种具有实质性的政治代表，成为一种正式的国家制度。这应该构成中国政治

① 参见蔡定剑：《宪法精解》，法律出版社2004年版，第71页。

体制改革的核心议题之一。而且,这与共产党的领导原则并不矛盾,党完全可以像领导人大那样来领导政协,而人大与政协也可以像国外两院制那样更加高效地运作。这样,每年的“两会”才是真正的国家“两会”。为此,应确定政协再转型的指导原则:(1)将政协制度改造为正式的国家制度,可以先作为咨询性议院,逐步改造为决策审议性议院,最终目标是“上议院”或“参议院”;(2)政协委员应具有明确的代表性与选举程序,具有确定、唯一的选举基础。①

田飞龙:这实际上意味着中国的政党制度要回调到《共同纲领》的传统上,回调到政党平等原则上,然后将其汇流入议会政治的框架内。这并不意味着突破八二宪法确定的党的领导,而只是将政协制度由政党制度改造为国家制度,将其由“前国家”状态推进到“国家”状态。

高全喜:作为一种理性和平的转型方案,中国可以缺失以执政权为标的的周期性政党选举,但不能缺失议会内各政党的组织化竞争。这实际上构成了一种政治的辩证机制,即议会政治只有经过公开、多元、理性的组织化竞争,才可能达成真正的政治共识与合作。我们往往只看到西方选举政治和议会政治多元分裂、恶性竞争的一面,而没有看到这一面向是与人民对政治的广泛参与以及议会内的理性审议与合作,共同构成了民主政治的“一体两面”。缺乏竞争就缺乏政治活力,其决策的参与度、理性化与可接受性就会大打折扣。你可以基于国家理性限制某些政治竞争,但

① 关于政协的法制化改造,法学界一直有相关的理论讨论,参见范忠信、王亦白:“论人民政协的民意机关化和法制化”,载《法商研究》2001年第6期。

不能完全没有竞争,也不能只有幕后的无序化竞争。近些年中央也不断重申"扩大群众有序的政治参与",这里的"有序"不能被仅仅理解为"走过场"式的程序编排,而应具有政治代表与政治审议的意义。如果没有科学、优良的制度设计,参与就只能是"走过场",当下中国公众参与的公信力危机源出于此。如果政协制度能够实现理性的再转型,我们就有理由期待中国的"代表"政治和"参与"政治会大有起色。

田飞龙:是的。我注意到您在关于八二宪法的研究中将政协制度明确地作为中国的"复合代表制"的结构性要素予以定位。[①]中国的政体内确实存在多元化的代表机制,单一的、高度现代化的形式代表制无法对中国政体作出科学解释。政治学者皮特金(Hanna F. Pitkin)曾提出三种代表概念:"象征代表制"、"实质代表制"与"形式代表制"。[②] 党提出的"三个代表"理论其实可以有更丰富且更有实践价值的解释可能性。政协的再转型严格而言也是一个代表制问题。关于中国政体在代表制层面的完备分析,是政治宪法学的中心议题之一,但只能是另一场学术对话的主题了。

---

① 参见高全喜:"政治宪法学视野中的八二宪法",载《清华法学》2012 年第 6 期。

② See Hanna Fenichel Pitkin, *The Concept of Representation*, University of California Press, 1967.

第二编

直 面 当 下

八二宪法与现代中国宪政的演进

高全喜　田飞龙

回归与演化:八二宪法的共和意蕴

田飞龙:高老师,去年我们曾一起以对话形式分别讨论过政治宪法学和辛亥革命的问题,在学界和社会公共领域产生了一定的反响和回应,这是我们乐意看到的。本场对话的主题是"八二宪法与现代中国宪政的演进",这与去年的对话主题在大的思想学术脉络上是相互关联的,处理的都是现代中国的宪政立国问题。与去年相比,今年同样是一个值得纪念的周期性年份,即中华民国建国100周年("一中各表"之民国版)和八二宪法30周年("一中各表"之新中国版的改革形态)。从1912年到1982年,在这70年间,中国立宪史进入了革命政党竞争与宪制结构定型的关键期,国共两党、海峡两岸在"一个中国"的宪法"元原则"之下依据各自的教义和法统展开政治竞争与宪制演化,构成现代中国立宪史上最具活力、创造性与复杂性的宪制发生学图景,这一内生对峙性格局至今尚未在宪政意义上完结，并被进一步整合入两岸“民主化”与“统一化”相交织的现代中国宪政演进脉络之中。我们知道，您在国内“政治宪法学”兴起的过程中扮演着重要的角色，力图对这一学术潮流中的国家主义（或党国主义）倾向进行自由主义的制约和重构，您很重视“宪制发生学”这样一个理论概念，而且还从西方早期现代的立国思想与历史之中辨识出了“宪制发生学”的三条线索，即“战争—革命—宪法”、“财富—财产权—宪法”和“心灵—宗教—宪法”，更在去年关于《清帝逊位诏书》的专题性研究中试图发现“中国宪制发生学”的演化机理和内在结构。在我看来，“宪制发生学”是一种演化论的视角，具有英美经验主义的倾向。您如何从这种发生学或演化论的角度看待八二宪法？有许多人认为八二宪法是对五四宪法的一种回归，您怎么看？

高全喜：在我看来，宪法是现代民族的法律生命，宪政是现代民族政治成熟的真正标志，中华民族也不可能例外。但是这样一种成熟过程不是一次制宪权的动用就可以完成的。从演化论的视角来看，任何一个现代民族的宪政成熟都是一个前后连续甚至反复的历史过程，是一系列事件的连续体，其间可能出现重大的挫折或断裂，但从更宽的历史脉络来看，其政治建构的根本取向和法统的长距离的连续性还是有理可据、有迹可循的。主要呈现于20世纪的现代中国的立宪史显然也超脱不了上述的宪政演化逻辑。比如八二宪法，许多人，包括当时的制宪者在内，都认为或努力使其成为对五四宪法的一种回归。至今，这种“回归论”在学术界和政治圈子中还很有影响。但我认为这种“回归论”有简单化的倾向，既没有洞察到八二宪法在精神原则上还可进一步追溯到1949年的《共同纲领》或1912年的《临时约法》，更无法有效解释改革时代的四个修正案中所呈现的“新宪法精神”，在我看来，四个修正案所“回归”的并非五四宪法，而是更远距离的临时约法和更宽历史脉络中的共和主脉。如果没有精神原则上更远程的回归，八二宪法就很难开放出充分的政治空间来容纳新的宪政元素。因此，认为八二宪法是对五四宪法的回归是当时历史条件下的一种有局限的认知和论断，而非历史的全部真实。我们今天对八二宪法的认知理应提升一个层次，不能仅仅在新中国宪法变迁的脉络中定位，否则可能无法有效揭示和探求八二宪法所根植的更为宏阔的现代中国宪政背景以及八二宪法（含修正案）所开放出的“新宪法精神”。

田飞龙：确实，我们今天需要将八二宪法放在更远程的回归谱系上，超脱局限于特定时代的认知，这样一种“大回归论”才能够与现代中国宪政的演化论更加契合。否则，如果仅仅是回归到五四宪法，则现代中国宪政与法统的历史就存在绝然的断裂，而且四个修正案中的新宪法精神也很难落地生根。

高全喜：其实这里主要是对大陆新中国宪政过程的观察，其共和宪政的演化还需要在理论解释上实现从“小回归论”到“大回归论”的调整。如果你沿着中华民国的宪政与法统演进的路径去看就清晰多了。我尽管在关于《清帝逊位诏书》的专题性研究中批评了孙中山的革命激进主义，但对于他的宪政阶段论还是很敬佩的。所谓的“军政—训政—宪政”不正是一种现代中国宪政的演化论吗？这是政治家与立法者的深邃眼光，饱含着历史洞察与实践理性，而不是职业法学家受限于专业口径的眼光。我们今天还屡有宪政学者提出“革命—改革—宪政”的类似的阶段论，主张中国在告别革命之后需要进一步从“改革宪法”走向“宪政宪法”，或者从“训政初期”加紧走向“训政中期”，这在某种意义上不还是在孙中山奠定的宪政理论框架内进行理论重述与实践运用吗？更关键的是，演化逻辑适应了改革内在的经验主义逻辑，是中国宪政转型与政体变革的主导性路径。

田飞龙：我大体同意您的宪政演化论。在演化论视角之下，现代中国法统的连续性就很好解释了，两岸统一的法理基础也相对容易获得论证。否则如果坚持革命激进主义的断裂逻辑，统一大业除了“将革命进行到底”而诉诸武力之外似乎别无他途。在我看来，演化史观是一种保守史观和改良史观，这也是您在关于《清帝逊位诏书》的专题性研究中着力强调的。宪政理论，无论是自由主义版本的，还是共和主义版本的，如果没有一种“保守改良主义”的历史观作为观念性基础，就可能导致忽左忽右的历史震荡，这是我们不愿意看到的。

高全喜：你将我的学术研究中的宪政演化论与保守改良主义历史观进行勾连是对的。对于八二宪法，我认为既有的研究主要是在三个层面上展开，有所贡献但也存在显著的不足：(1)宪法史层面，局限于新中国宪法史，缺乏对八二宪法所根植的现代中国立宪史整体脉络的理论梳理，也就无法对八二宪法进行“大历史”的定位，更不可能涉及历史观的积极反思；(2)宪法解释层面，主要是对具体宪法条文与制度的研究，这种研究很重要，也是宪法学的基本功，但目前阶段基本没有用武之地，因为中国还处于宪政转型期，没有设立宪法法院，宪法的核心问题是政治结构的成熟而非具体条文的司法适用；(3)比较宪法层面，这一层面的研究可以廓清我们对世界宪政格局与态势的认知，但存在偏离中国自身宪制结构,将比较宪法学结论错置为宪法普遍原理的缺陷。因此,我认为八二宪法在理论研究上除了上述层面之外,还应该开辟出“政治宪法学”的维度,对现代中国宪政的发生机理、历史过程与演进规律进行研究,诉诸历史和思想的双重解释系统。

田飞龙:呵呵,这方面我已经看到了您的典范性努力,比如对宪制发生学的思想史重构和对《清帝逊位诏书》的专题研究。说起现代中国宪政的演化,我忽然想起了“政协”。我觉得现代中国宪政错失过两次绝佳的历史机会:一是孙中山和袁世凯共同缔造中华民国那一次,二是抗战后的旧政协那一次。

高全喜:你说的很对。孙袁分裂标志着民国宪政的破产,表明了汉族内部政治精英无法寻找到进行政治妥协与权力安顿的适当宪制框架。1946 年那一次差一点就成了,“政协”作为一种具有宪制包容性的制度机制,曾经一度成为中国宪政转型的关键:一方面超脱了 1931 年《中华民国训政时期约法》中关于民国宪政的“地方自治论”,另一方面创造性地将包括国共两党在内的中国主要政治力量纳入其中,并产生了作为新宪法基础的政协决议案。1946 年的“旧政协”并非后来的新中国宪法中的作为参政议政机构的协商性团体,而是作为民国宪政转型之制度性中枢的独特机制,具有准制宪会议的性质。不过,1946 年的政协宪政努力最终被“枪杆子里出政权”的力量逻辑所打破。不过,旧政协的历史经验确实值得重视。在其领导者群体中,除了作为正统政党力量的国共两党之外,还出现了很重要的“第三方力量”,这些力量具有秋风所谓的“共和国绅士”的责任与认同,对于宪政理论和比较宪政实践具有较为成熟的把握,本来是可以作为国共和平建国的理性引导力量的。说到这里我还是感到有些历史的遗憾。在我看来，政协机制是化解国民党法统内的“训政”与“宪政”或大陆新中国法统内“改革”与“宪政”之理论性与制度性鸿沟的重要宪制创新。我们之前总是纠结于“党国体制”下的作为本源性主权者的“人民”如何制度化为更符合共和原理的“人民主权”，旧政协曾经提供过一条宪政路径。我们不能以成败论英雄，而应正确对待这样的历史遗产并辨识出其中不死的政治智慧与生命。在建立更为成熟的“中国宪制发生学”和中国现代立宪史的叙事框架过程中，我会高度重视旧政协的历史经验和制度意义的。我觉得 1946 ~ 1949 年的中国历史包含着两个层面的叙事：(1) 以“力”为中心的革命与战争史叙事；(2) 以“理”为中心的政治协商与宪政演化的叙事。大陆的正统史观将旧政协处理成斗争历史的一部分，而非宪政历史的一部分，这是有问题的。

宪法序言与历史叙事

田飞龙：“理”与“力”，这是中国历史进步的观念力量与物质力量了，其实二者之间有着很紧密的逻辑联系。说到历史叙事，其实八二宪法是高度重视历史叙事的，这主要体现在它的序言中。不少宪法学者认为宪法序言仅具有政治宣示意义，没有规范效力，这是法学规范主义扩展到宪法解释上产生的一种学理性偏见。宪法不是普通的部门法，而是政治法，因此不能以普通的法学规范主义视角予以简单化处理，更不能以是否可以被法院适用作为认知宪法条款效力的唯一口径。我们守护的不是孤立的“理想条款”，而是作为民族整体政治生命的“宪法”。八二宪法序言长达 1800 多字，对中国文明和近现代史采取了革命史观的叙事模式，并在其中插入了具有规范效力的“四项基本原则”，构成中国宪法文本中独特的合法性论证模式和“政治宪法结构”。既有的法学研究由于存在上述方法论和理论视角的局限，轻易地将八二宪法中非常关键的序言予以“非文本化”，这其实也不符合文本主义的本意。更进一步，对八二宪法文本的不同裁剪方案可能恰恰反映了解释者自身来自比较宪法而非中国宪法上的“理想宪法”图景。回到序言本身，这也不是中国宪法的独创，而是来自社会主义宪法传统。为何社会主义宪法文本会呈现这样的状况呢？宪法主要是作为“经”存在，为何还要将“史”编织进来呢？

高全喜：从政治宪法学的角度来看，序言肯定是有效力的，而且甚至有着优先于其他普通条款的效力，否则，宪法修正案为何会同时涉及对宪法序言的修改呢？显然，制宪者是将宪法序言作为宪法文本的有机组成部分来对待的，对其规范效力也是深信不疑的。不过，这里的效力，不是日常政治意义上的司法效力，而是转型时期的政治宪法的政治效力，其修辞与实质尚处在变动之中，是不变中的变革，对此解释需要的是一种政治智慧，而非仅仅是司法智慧。说到社会主义宪法为何这样写，我觉得存在一个权力事实与文本结构的张力问题。在社会主义取得国家性胜利之前，资本主义的宪法以美国宪法和法国宪法为典范，其成文宪法结构已经成熟，主要包括政体条款和权利条款，即使有序言，也只是简短重申建国目的，不涉及对历史的叙述。资本主义宪法是启蒙时代宪法科学的制度结晶，结构清晰，逻辑严密，自成一体。而社会主义本身是在批判资本主义的基础上取得其科学性与历史性地位的，社会主义革命在历史实践中产生了超越资本主义法权的权力组织形式（先进政党）和社会目标（生产社会化和共同富裕），但世界历史在整体上又处于资本主义的权力支配和文化控制之下,所以社会主义宪法就必须一方面借用资产阶级法权的宪法形式,另一方面又需要将新的权力组织形式与社会目标安插进宪法文本之中,后者不便于在政体条款中予以直接的制度性落实,只能另辟新章,归入宪法序言与总纲之中。

田飞龙:我觉得您的这番解释很到位。现在许多宪法学者是按照资本主义宪法的经典结构来"裁剪"中国宪法文本的,于是序言乃至于总纲就会成为"另类",然而,这些"另类"恰恰构成了社会主义宪法的"政治本体"。而且,在马克思主义的教义系统中,国家本身并非一种常在,而是一种适应历史进化目的的过渡性安排,是生产管理的便利工具,而不是守护民族与个人的宪法性存在。因此,对于过渡期间国家权力与个人权利到底如何进行妥当的制度化安排,马克思主义无意于也没有进行十分成熟的理论思考,它的终点和重心不在国家,因此国家理论只是其政治经济学理论与历史理论的附庸。我们今天遇到的问题是,中国将长期处于社会主义初级阶段,更关键的是,还将长期处于资本主义主导的世界历史秩序之中,因此宪政问题便现实化为八二宪法的内在使命并非仅仅是一种短暂的过渡性安排。

高全喜:这也是八二宪法不同于五四宪法、七五宪法和七八宪法的关键所在,因为这些宪法处于不同的历史情境和政治决断之下。五四宪法建立在听取斯大林的制宪教诲、模仿苏联 1936 年宪法并适应国内社会主义改造需求的政治前提之下,七五宪法和七八宪法带有浓重的文革激进主义色彩,八二宪法则是以 1978 年的中共十一届三中全会的政治决议为前提的,这一决议使得中国进入了一个长期化的、面向常态的经济与国家法制建设阶段。因此,就必须发展出一种适应长期化的社会主义初级阶段的国家理论与宪法理论，这样才可能为改革事业提供有效的理论支撑和制度保障。这是一个非常独特的历史发展阶段，其长期性足以构成一种需要进行相对独立理论建构的历史过程。我以前经常使用“非常政治/日常政治”的政治学分类范畴，但我忽然发现改革政治很难被归类，即它既不是非常政治，也不是日常政治，我觉得它是一种相对独立的转型政治，有点类似阿克曼讲的“宪法政治”。

改革的宪政内涵与政治判断

田飞龙：您提到了阿克曼，他确实是将美国宪政转型放在某种特定的“宪法政治”类型中予以处理的，这种政治类型在性质上属于一种文本内的转型政治，借助了文本所提供的根本法原则以及文本框架下的常规政治机构的非常规化效能。我们是用“改革”来概观30年的一切具有结构性意义的进步的。可是我一直很纳闷，中国的“改革”到底是什么？我发现当代中国有一个很奇特的政治话语现象，即重大问题的政策性讨论最终是以是否符合“改革”为判准的，而不是以是否符合“宪法”为判准的，似乎谁掌握了改革的话语权，谁就是政治上的正确代表。比如广东模式代表“改革”，重庆模式只能代表“文革”。这样的“改革”已经不是一个描述性概念，而成为一个具有宪法内涵的规范性概念了，但是我们又没有正面赋予这一概念以明确的内涵。或许“改革”本身就是一种我们时代具有至上性的权力话语，某种意义上具有了“根本法之根本法”的地位，但其具体是什么，不得而知。有些做法是“改革”，有些不是，这种判断成为了实质上的违宪审查判断，然而其理由和准据到底如何，也不清楚。我记得青年宪法学者翟小波博士曾在《论我国宪法的实施制度》一书中将“改革”作为中国宪法的根本法对待，这是很重要的理论洞见，但也未能较为成熟地解释其规范性的内涵。这种不确定性会造成诸多困惑，比如“不折腾”和“折腾”哪一种代表了改革精神，这并不容易做出明确判断。施米特有个政治概念叫“延迟决断”，我觉得“改革”在某种意义上通过其举措的明确性体现为一种决断，同时又通过其核心内涵的模糊性体现出一种“延迟决断”。在这种“延迟决断”之下，修正案代表的新宪法精神与八二宪法本文中的保守性条款间的冲突与矛盾就在改革史中屡见不鲜，比如“良性违宪”问题，比如“物权法草案违宪”问题，甚至公有制的改革问题。

高全喜：对“改革”内涵的判断要借助对八二宪法结构性走向的判断来进行。陈端洪教授对八二宪法采取的是“总体肯定，具体批判”的态度，尤其是对其中的政治性原则予以严肃的捍卫。我觉得这种立场对改革以来的宪法发展的制度价值观察不足或估计太低，八二宪法的真正生命或其演化趋势主要体现在四个修正案之中：1988 年修正案解决了土地市场化的问题，尽管它带来了政府经营城市、城乡土地级差地租分配不公、征地拆迁血案累累的问题，但它恰恰不是土地市场化的责任，而是市场化不充分和法治保障不足的体现；1993 年修正案解决了市场经济的问题，保障了市场自由，从而为 20 世纪 90 年代以来中国经济和国民财富的巨量化增长奠定了宪法基础；1999 年修正案主要解决了法治国家的问题，这是对长期化的社会主义初级阶段如何建构一种常态国家的宪法回应；2004 年修正案主要解决了人权入宪和私有财产保护的问题。我觉得这些修正案体现了改革的积极成果和时代的进步，是对八二宪法内蕴的共和精神和自由价值的深度挖掘与伸展,也进一步印证了八二宪法作为一种相对自足的历史事物所回归的不再是五四宪法,而是百年共和宪政主脉。显然,土地市场化、市场经济、法治、人权、私有财产保护,这些宪法新原则确实构成了八二宪法对改革成果的直接肯定。然而,就像你提到的“延迟决断”概念所指涉的那样,作为整体的八二宪法包含了八二宪法本文和四个修正案,新旧原则共存,法治新原则受制于政治旧体制,人权新原则受制于主权旧观念,私有财产和土地市场自由受制于“神圣”的公有制。这种“纳新”不“吐故”、新旧宪法原则混杂、延迟决断的八二宪法体系自然容易遭到各方势力的不满与指责,左派觉得太右且越来越右,右派觉得太左且对“左”的回潮保持着高度的戒备状态。我们在宪法里塞入了太多美好的理想和各方的价值诉求,承诺了太多的权利,但缺乏充足的制度性支付能力。中国近几年的公民权利运动中出现了“权利挤兑”的现象,即申诉者不是无理取闹,而是依法维权,即要求当政者兑现明确记载于宪法和法律中的各项公民权利。

田飞龙:是的,看看多少征地拆迁血案中无助的受害者手举宪法和法律文本维权,但其周围却是麻木的旁观者和冷酷的、包括法院干警在内的联合执法队。依法维权遭遇以力维稳,群体性事件与不断强化的警察维稳体制形成恶性互动,不断冲击着中国的基本社会秩序。

高全喜:你这里说得很形象。我每天上网几乎都会看到你描述的那种场景,很多地方都有,山城重庆有,作为改革符号的广东也有。论宪法中的公民权利清单,八二宪法不比任何一国宪法差,可为何现实中政府权力侵犯公民权利却很少承担责任呢?这显然不符合法治。

立法审查还是司法审查?

田飞龙:对于这种频繁的政府侵权的非法治现象,不少法学家将原因归结于司法不独立或缺乏违宪审查机制,所以伴随着改革的老一代法学家逐渐故去或退居幕后,新生代法学家对于司法改革和违宪审查的研究与热情高涨。这种学术代际更替的现象带来了中国法学学术尤其是宪法学术的繁荣,甚至一度出现了借助“齐玉苓案”而展开的“宪法司法化”运动,这一运动在我看来是中国法学界对美国马伯里案的一种制度模仿,但却忽视了传统背景和体制基础,终于遭到失败。这里不是以失败论英雄,而是为了使失败更有价值,必须进行认真的反思。那一场模仿异邦的故事构成了中国立宪史上的一次“普通法革命”,但其结局也大体宣告了中国宪政转型模仿西方“司法宪政主义”道路之可能性的终结。我们都很熟悉的“政治宪政主义”便产生于针对这一时代宪法现象的积极而理性的反思之中。

高全喜:是的,这一段宪政故事离今天很近,也是这几年催生政治宪法学与政治宪政主义讨论的基本问题背景。这里涉及对八二宪法确定的实施制度的正确评估与反思。从宪法解释的角度来看,八二宪法确立了立法解释/审查的模式,即法律与法规的违宪审查权操之于立法机构之手。这种立法审查模式经由2000年的《立法法》以及后续的法规备案审查室、《监督法》等法律机制而获得了实在化。但是,我对这种立法审查程序确实不敢恭维。自《立法法》明确规定这一程序以来,法学界相继提出了针对《收容遣送条例》、《劳动教养条例》、《城市房屋拆迁管理》条例和

《宗教事务条例》等多部行政法规的公民审查请求，基本都石沉大海。这种被设计来救济公民权利的程序却显示出了最强烈的权力的傲慢性。在我看来，这种立法审查程序的不透明、低效率状况很可能严重伤害了八二宪法和全国人大的权威性。公民申请审查的是行政法规，而审查机构归属全国人大，其不作为的表现恰恰进一步坐实了“橡皮图章”的诟病。

田飞龙：您说得很对，这种立法审查程序实际上并没有真正地“程序化”，因为它缺乏构成一个独立法律程序的必要因素，比如透明性、明确的审查期限与决定形式、可争辩性、说理性等。程序正当性的严重欠缺使其不成其为一种法律程序，也就不可能发挥出这种程序所承诺的正义效能。实际上，我觉得人大系统完全应该合法利用这一程序来强化自身权威，这也符合八二宪法的根本精神，因为人大制度是我国的根本政治制度，需要不断强化。如果这种程序实现了“程序化”，具备了透明性、公正性和理性，有效率地运行，则我国学界与民众也绝对不会因为它不是设置在最高法院内部就不予认可的。立法审查程序本可成为人大系统的重要制度武器，但却被长期闲置，从机构理性来讲是难以理解的。而且这一程序的制度性效果主要是强化人大系统对行政权的法律控制，这与我国民主政治建设中加强人大制度的要求是相符合的。

高全喜：理虽如此，它就是不动，也确实让人干着急。但我想我们的推理建立在如下的假定之上，即全国人大具有充足的政治权威，但这一假定是否存在则是有疑问的。在我国宪制中，“行政主导”一直是一种权力现实，行政权在推动改革开放中确实显示了巨大的行政效能，作出了不可否认的贡献，但也滋生了严重的腐败和政府侵权现象，而且造成了今天相对于人大和法院的主导性态势。所以，如何控制行政权，促进中国宪政结构回归民主属性，就构成了八二宪法有效实施的一个重要方面。

田飞龙：其实在促进八二宪法的实施方面，法院也并非毫无作为，尤其是在制约行政权方面还是有一些值得关注的制度性表现的。例如，"行政审判白皮书"，就是法院对行政审判情况进行年度汇总，以集中行使司法建议权的方式将行政权行使中出现的若干问题与相应的改进方案制作成报告提交给同级人大和政府。此项制度创新的政治智慧就在于一方面诉诸法治理性，另一方面高度尊重人大的宪法权威，相当于民主与法治联手"质询"行政权，这样的机构间法治互动如果运筹得当、可持续展开，其法治效果将十分显著。当然，中国所有的制度创新都存在政绩驱动和不可持续的特点，对于这一实践的长期效果，还有待进一步观察，但它启发我们，对中国法治或司法的观察需要细化和有所区分，不能因为"宪法司法化"的挫折而轻率地得出否定性结论。

高全喜：30 年法治史的具体成就还是很明显的。记得你在跟我、张伟三人合著的《现代中国的法治之路》中曾提出观察与分析中国法治的一个二元框架，即"根本法治/具体法治"，基本观点是根本法治（宪政）相对滞后于具体法治，司法宪政主义受挫，政治宪政主义兴起但还不成熟，而具体法治领域呈现出"部门法自治"的现象，部门法通过 30 年的法学教育、立法动议和司法实践逐渐建构出了特定部门法领域相对封闭的话语体系和职业共同体，然而其深层改革与进步还需要根本法治的支持。因此，法治需要和政治（民主）相平衡，法治也只是宪政的一个具体价值而并非宪政的全部。从演化的角度来看,发展中国家需要完成“立国”与“新民”的双重任务,这些目标显然很难在单一的法治(司法)过程中完成,需要真正的政治过程来承载。我在《政治宪政主义与司法宪政主义》那篇论文中就提出过要用政治宪政主义之手摘取司法宪政主义之果。

代表制问题与政治宪法结构

田飞龙:您的那篇文章我记忆犹新。您起初是为了回应陈端洪老师对八二宪法的“五大根本法”的解释,后来开始相对独立地提出自己关于政治宪法学的理论见解。您在那篇论文中建立了政治宪政主义与司法宪政主义之间的“手段—目的”关系,将二者之间的对峙性空间竞争关系转化为连续性时间演化关系,从而对陈老师论文中的国家主义倾向进行了有力的自由主义规制。

高全喜:我跟端洪之间对八二宪法的整体评价存在着重要分歧,他更看重八二宪法中的政治原则,我更看重八二宪法四个修正案中的自由元素。当然,我之所谓“政治宪政主义”的“政治”主要是一种成熟的代议制,这是现代政体的基本制度要素,中国宪政之成熟也不可或缺。

田飞龙:实际上关于宪法实施模式,我不大同意只从结果性审查的角度来认识,还可以有过程化的认识。在刚刚完成的博士学位论文《政治宪政主义——中国宪政转型的另一种进路》中,我就不是将中国宪政转型之困境或约束条件归结为缺乏司法独立或违宪审查模式,而是归结为中国宪法文本中的“政治宪法结构”。何为“政治宪法结构”? 我将之界定为人民主权(宪法之“道”)在八二宪法上的三个“肉身”:基于真理的党的领导代表制 + 基于程序的人民代表大会制+非代表制的参与民主制。我们前面谈到的“政治宪法结构”制约乃至于阻挠公民权利实现的现象，主要原因在于这一结构本身没有充分地理性化、民主化和制度化，所以政治宪政主义应侧重从制度层面推动这一结构的宪制性转化，使之具有民主属性和制度理性。而在中国最近几年的宪政发展中，政治、行政乃至于社会领域的政治宪政主义制度演化特别值得认真观察与分析，比如权力公开领域、行政民主领域和社会自治领域。

高全喜：这些现象我也观察到了，你的论文的基本内容我也大体了解。对八二宪法作人民主权的解释在宪政原理上没有问题，但是最关键的还是你所谓的“政治宪法结构”中两种代表制的关系及其制度性演化的问题。我记得几年前端洪提出过“双重代表制”的问题，用这个概念来描述中国的主权结构，但似乎也没有提出很成熟的解释理论。这个“双重代表制”显然不是一种稳定的代表制结构，也不是我所谓的成熟的代议制。

田飞龙：呵呵，我们现在似乎是在政治上要求同时加强这两种代表制，比如一方面要求“加强和改善党的领导”，另一方面要求“加强人大制度”，不过在具体的制度操作层面，对党的领导代表制的强化力度可能更大。我觉得人大系统有些委屈，其长期承受“橡皮图章”的诟病可能并非自身意愿所致，而是机构能力不足的表现，比如审议过程代表团之间不能串联，代表非专职化，代表中行政官员比例过高，代表人数太多，会期太短，等等。我想如果能够在上述机构能力方面予以逐步的针对性制度改革，那么“强化人大制度”或许可以落到实处。就我的经验性观察而言，人大系统追求权力的意愿并不弱于其他机构并时有表现。

高全喜:所以,围绕人大制度展开的选举法的修改、人大议事规则的完善、人大会议的辩论性和公开性的增强、代表专职化、立法审查程序之"程序化"以及包括你所说的"行政审判白皮书"制度创新中的人大专题质询会等制度机制的完善,都是政治宪政主义的制度性表现,都应该认真研究,妥善实行。我注意到近几年来人大立法越来越公开,这是一个民主性的进步。不过有些关键性制度还是需要进行改革的,比如提案权的问题,据我所知,代表们在提案环节的实际作用很小,很多法律议案是由行政部门垄断性提出的。前不久天则研究所开过一个"遏制部门立法,维护公平正义"的学术研讨会,很多人觉得"两会"必须在制度上进行改革,行政部门垄断立法的现象必须改变。至于党的领导代表制,我觉得也存在民主与法治的作用空间,党务公开、党代表选举与党内治理结构的民主化改造在中国特定的宪政体制下具有显著的宪政意义。每一个党员如能模范地以现代公民标准在党内合法合规地开展公共政治生活,则八二宪法之成熟演化亦十分值得期待。

田飞龙:重要的不是将党看做一种异己的力量,而是将之作为中国公民在符合一定条件(如党员标准)的基础上能够进入的一个政治体系,是中国人民政治成熟过程中的一种政治组织方式,这个体系的治理规则也在因应时代需求和国家治理原则的变化而发生重要的制度性变迁。

先进性公民与党的民主化

高全喜:其实宪政转型的意识在八二宪法以来的改革领导者之中可能已经扎根,比如"从革命党到执政党"就是典型的转型命题,包含的是共产党自身历史角色与体制性功能的变迁,再比如“党内民主/人民民主”的分类范畴就具有显著的宪政实践意义,而且“以党内民主带动人民民主”似乎已经成为一种共识性的改革逻辑。当然,言辞很重要,不过还是“行胜于言”,要观其后效,尤其需要注意是否建立了长效性的党内民主制度机制。如果一个有8000多万党员的世界第一大党模范实现了民主治理,则中国民主化进程相当于至少推进到了以党员条件为基础的、对社会具有领导能力的泛精英阶层之中。而观诸世界各国的民主演化史,大多也是从贵族、精英和中产阶级这些传统社会中的领导性力量开始的,普选权改革主要是西方代议制成熟之后的事件,而且与社会主义工人运动还有着密切的联系。

田飞龙:所以,中国欲建成宪政国家,每一个党员似乎都应该肩负起共和主义式的公民责任,成为宪法标准下的“先进性公民”,通过其理性而负责任的政治行为推动党内治理结构的民主化,建设优质的党内民主架构,使得党内民主成为人民民主的范本。这种党内民主先行的逻辑实际上还是预设了党的历史先进性。与此同时,我们不能只单纯地看到党内民主的进展及其示范效应,实际上改革史更多呈现的并非党内民主的带动作用,而是人民民主的首创与刺激作用,比如改革之初具有底层秩序重构意义的安徽小岗村土地承包制模式和广西果作村村民自治模式就是党外的社会力量自我发展的产物,而且在当时的政治环境下甚至是违法乃至于违宪的。

高全喜:呵呵,这种形式上的违法乃至于违宪因为大体符合了作为八二宪法政治决断前提的十一届三中全会决议,所以最终获得了八二宪法的正式认可并成为改革时代农村经济社会发展的重要制度基础,甚至对城市的基层自治产生了直接的带动作用。

田飞龙:我觉得党内民主的优先性从属于其先进性,这是被其理论所预设的,当然其如果能够真正获得实践,也是很有宪政意义的。从改革的经验性层面来看,人民民主的发展势头更加猛烈,制度的创新性更加突出。因此,所谓的党内民主与人民民主不存在孰先孰后、孰优孰劣的问题,而是一种按照各自的限定性逻辑在宪法与法律框架内分别展开、相互刺激与诱导的互动型关系。我对中国权力公开性的法律建构问题作过专门的研究,发现党务公开、政务公开和村务公开之间存在着参差不齐、节奏不一、互有激发的现象,这也是中国宪政演化中的常态性现象。

宪政转型的宏观面及其制度演化

高全喜:不过,我觉得就八二宪法的整体结构而言,其演化历程要区分宏观层面和微观层面,既不能因为宏观层面的进展缓慢而否定中国宪政的实际进步,也不能因为微观层面的局部制度成效而对宪政转型抱持特别乐观的态度,我们需要一种审慎的乐观,同时绝对不能忽视对八二宪法之宏观结构演化的严肃经验观察和理论思考。否则,有可能出现底层改革轰轰烈烈,效果大彰,而八二宪法的宏观结构裹足不前,甚至出现结构性逆转,造成宪政之社会基础与经验模式向上扩展的巨大障碍,引起更加激烈的社会与政治冲突。这里存在一种宪政演化论上的核心图式:公民权利运动和统治集团的能力增长需求共同支持政治法律领域的局部性改革,产生出新的政治价值与宪法制度,这些新元素又倒逼旧体制进一步释放出政治空间,呈现出一种新旧缓慢更替的制度演化趋势。这种和平而理性的制度演化需要特别注意检索和剔除体制内的障碍性因素,不断地为这种演化过程的理性化和程序化提供针对性的、有效的制度保障。一国之宪政演化就像人的成长一样,需要不断地在知识、人格、行动能力与风险管理机制上充实之,使其对原有体制的监护性依赖日渐弱化,逐步实现国家在宪政层面的常态化运转。

田飞龙:所以,在宪政转型的矛盾多发期,体制的制度化供给能力很重要,如果不能成功地将新的、日益规模化和结构化增长的政治社会冲突纳入新的制度轨道,而一味地透支旧体制的管制模式与力量存量,就可能逐渐逼近统治能力的极限值,诱发社会失控和政治危机。统治是有技艺的,专制之所以不能构成一种技艺,是因为其制度性的沟通成本与道德风险过高,不仅官民之间无法建立常态化的信任,甚至官僚集团内部也会产生信任危机,从而不断放大政治危机的风险系数,使得一两起偶然性的政治社会事件就可能导致系统性崩盘。而宪政之所以可以构成一种被广泛选择的统治技艺,就是因为它从理性的前提出发,将政治建构为有限的功能性领域,而赋予社会以自我运行、自我秩序生成和风险管理的权利与能力,在国家与社会之间通过法律纽带进行连接。对旧制度进行理性化的宪政改良是可以应对和化解基本的政治社会危机的。

高全喜:你在这里提到了现代宪政的核心原则,即有限政府。我们对有限政府常常有着误解,以为那就是无能弱小的政府,实际上这是政府能力的一种集约化使用机制,即将有限的统治资源运用于最为核心的国家职能领域,有所为有所不为,才能获得最大的统治效用。而全权式的专制政体则非常粗放地运用有限的统治资源,属于一种自我耗竭式的体制结构,不仅严重耗竭着物质性资源,也严重耗竭着合法性资源。政治学理论中有一个很好的区分,就是国家权力与国家能力的区分,认为全权不等于全能,权力越大不意味着能力越强。专制不仅是不道德的,而且在统治上也是不经济和不理性的,一个具有理性自觉的民族是不可能长期承受此种自我耗竭式的统治模式的,不仅心理上不接受,物质上也无法长期支撑。

田飞龙:您这是在对宪政作理性主义而不是道德主义的解释,很有意思。八二宪法现在还处于制度性演化的关键时期,上述基本的宪政原理应当成为统治者和社会公众的常识。我忽然觉得中国宪政转型有点像曾经的国企改革。国企改革的基本背景是普遍腐败和普遍无效率,如果不改革,市场经济没有空间,国家统治的物质基础也会不断地被国企拖垮,所以后来按照"抓大放小"的模式进行改革。政治领域也一样,长期的权力集中与垄断造成了普遍腐败和统治能力上的普遍无效率,导致维稳经费不断飙升,秩序再生产能力不断弱化,长此以往将危及国家的公共财政和统治的基本物质基础。所以政治领域也应当"抓大放小",国家只控制核心的政府职能,释放出更多的社会自治空间。社会自治而不是社会管制应该成为当下社会建设的核心指导思想。

高全喜:是的,如果社会不自治,民主宪政的社会基础实际上是无处生长的。我们现在大讲特讲的"社会管理创新"有点像维稳体制的升级版,并没有确立社会自治作为社会建设的第一原则,这不能不说是改革思想上的一大缺憾。这里谈论的都是八二宪法制度性演化的具体表现,有些还就是最近几年发生的改革事件。我还是关心八二宪法的宏观结构,刚才谈过了,社会基础的成长很重要,但宏观结构也不能轻视,也很关键,甚至影响到宪政的社会基础能否获得有效保障的问题。

田飞龙:八二宪法的宏观结构,我将之归纳为“政治宪法结构”,即双重代表制和非代表制的参与民主制,其中双重代表制是关键。面对如此疑难的结构性课题,中央似乎也一直在寻找更加合理的思路,有些政策性的分类范畴反映了中央在这些宏观结构问题上的较为严肃的理论思考,比如民主领域的“党内民主/人民民主”,宪政领域的“党的领导、人民当家做主和依法治国相结合”,行政领域的“公众参与、专家论证、政府决策”,司法领域的“党的事业至上、人民利益至上、宪法法律至上”乃至于当下社会建设领域的“党委领导、政府负责、社会协同、公众参与”的合作式治理模式。然而,这些分类性范畴都只是相关领域之基本要素的抽象关系或抽象功能的描述,缺乏核心的理论范畴与融贯的理论框架,系统化的制度成果极其有限,甚至在基本定位上也还存在某些根本的缺陷,比如社会建设指导思想中,“社会”本身的角色只是一种“协同”,而负责的主体是“政府”,这显然既不符合改革开放以来政府与社会关系的发展逻辑与既有成果,也不符合社会建设凸显“社会主体性”的根本原理。

高全喜:这些只是一种方针或口号,不足以在思想的高度和实践的维度反映并推进“正在发生”的社会自身的某些进步,甚至可能由于政策设计或操作不当而抵消或抑制了社会自身的理性与智慧。我们发现所有这些分类性范畴的设计都具有同样的逻辑思维:(1)党的领导优先,且具有绝对性;(2)政府权力全面覆盖;(3)只有功能性分工,没有主体性建设;(4)缺乏政治社会建设中的系统分化理性,政治逻辑贯穿一切的国家公权力领域和社会领域。这样的顶层设计逻辑显然难以产生真正科学的理论和真正合理的改革方案。如果真正上升到宪法思想层面,则首先需要接受政治社会设计原理中的“系统分化”原则,使党制政治有限化,否则只能是“合唱团”的假唱,在结构上永远走不出“全能主义”困局。

田飞龙:总的来说,30年改革至今成就斐然,不仅仅是经济层面,政治与社会层面也出现了诸多的新气象,但也积累了许多结构性矛盾与问题,这些问题已经不能仅仅依靠“头痛医头、脚痛医脚”式的应急性政策来解决了,也不能依靠维稳体制的任何升级企图来解决,而应该回到八二宪法的政治结构优化与公民权利充实的正轨上来。此种情境下的理性选择就应该是借力使力,见招拆招,以强大的文明包容力和制度化能力缔造中国的“旧邦新命”。

高全喜:是的。我常常想,哪里还存在单纯的中国国内政治或宪政问题,因为中国本身已经具有世界历史性质,已经被序列化为世界秩序的结构性因素,而且存在着无法回避的政治与文化竞争,因此任何一个在形式法理上属于内政问题的问题都可能具有中西文明竞争性共存的意义,比如香港问题、台湾问题等,甚至中国的非洲开发援助也遭遇了西方殖民历史所预设的文明情境的排斥与挑战,刺激中国在海外战略运筹上必须在资本逻辑之外严肃思量文明的逻辑。因此,中国的大国崛起需要内修国政,外输文明,二者并非楚河汉界,而是荣辱与共、逻辑相关的。在此意义上,我觉得八二宪法的开放精神非常值得肯定,尤其是四个修正案既是对改革成果的宪法性认可,也是对中国不断参与世界历史秩序的基础性条件的渐次储备。因此,我对待八二宪法的态度是比较审慎的乐观,在整体评价上还是倾向于大体肯定的。首先,八二宪法是新中国成立以来最为稳定的一部宪法,是30年改革开放的根本制度基础,没有这一宪法提供的基本政治前提和开放的改革空间,30年的成就和中国今日的世界性地位是无法想象的。其次,八二宪法具有改革宪法的属性,不保守,有创新,尤其是四个修正案体现了中国宪政演化的共和主脉和整体走向,这种"修正案精神"及其实体原则正是改革的本质,需要加以坚强捍卫,确保八二宪法的演化节奏合理,方向正确,成效可观。最后,从"大回归论"的角度来看八二宪法,即使当初的制宪者未明确意识到,但八二宪法诞生之后的独立生命经验表明,其所回归的绝不仅仅是五四宪法,而是现代中国百年共和宪政主脉。所以,通过30年的充分的制度实践和价值创造,八二宪法及其内蕴的改革精神已经初步将现代宪政的基本价值纳入其中,为长期化的社会主义初级阶段的国家理论与宪政体制的结构性成熟定型提供了一定的制度基础,甚至为包括大陆、港澳台在内的完整中国的政治统一和宪制成熟提供了较为坚实的实践基础。当然,我们也要看到,这个转型之际的改革宪法并没有底定完成,甚至也还面临重大的危机,例如,最近通过的新版《刑事诉讼法》,其第73条就属于一种"恶法"。所以,我一直强调的从非常政治到日常政治的转型并没有完成,一个隐匿的人民共和国的"立宪时刻"还没有到来。

田飞龙:是的,著名历史学家唐德刚先生曾提出中国现代转型的"历史三峡论",目前离其终期还有30年。在新的改革30年里,中国的政治社会结构还将在八二宪法及其修正案的制度性框架中发展与演变,肯定还会有新的修正案来延续和展开四个修正案中包含的宪政与自由的因素,如果从百年历史的视野来看,八二宪法及其系列修正案或许会成为中华民族政治成熟与宪制定型的一部关键的宪法,这样一部宪法在中国近现代的立宪史上自有其历史地位。在乐观期待中国宪制成熟的同时,我们当然需要清醒地意识到八二宪法之宏观结构"政治宪法结构"在民主与法治轨道上进行理性演化的各种艰难、波折甚至逆反。历处这一伟大时代的中国学者必须肩负起历史性的智识责任,具有立法者的心胸和眼光,具有充分的"责任伦理",为中国现代转型的最后也是最为关键的30年(或者可能更长或更短)提供真正成熟的理性守护与支撑。我想近几年所谓"政治宪法学"的兴起,所谓政治宪政主义的讨论,包括今天这样一场以"八二宪法与现代中国宪政的演进"为主题的学术对话,其核心旨趣亦在于此。

高全喜:这是时代精神的要求,我们还有大量的理论性工作要做,包括我们需要真正搞清楚西方早期现代在思想与制度上是如何"立国"与"新民"的,优良的现代政体到底需要哪些核心组件,甚至我们还要处理好现代政体与文明传统的关系问题,因为一个具有如此深厚之文明根基和世界性影响的大国不可能在整体上从外部获取文化合法性,而必须严肃思量自身现代性存在的文明论基础问题。当然,这可能是另外一场学术对话的主题了。

政治宪法学的问题、定位与方法

高全喜　田飞龙

田飞龙:高老师,您好,很高兴受您之邀就"政治宪法学"的有关问题进行一场访谈式的对话。其实今天最佳的对话场景应该是在您和陈端洪老师之间展开,我只是"政治宪法学"的一个学生,自接触并大致接受这一宪法学路径以来处于不断地学习和反思的状态之中,未敢自诩为一个合格的"对话者"。今天,我仍然是来学习的,如果有一点自己的认识的话,也应该算作是一种汇报。

高全喜:端洪因为另有要事暂时不能参与讨论,但我相信我们彼此之间的学术共识以及他本人对于政治宪法学发展的责任应该会得到延续。我因为是从政治哲学和思想史的背景切入宪法学的,对政治宪法学的认同与关怀也主要以我的原初的学术背景为根据,因此相对身处宪法学内部的端洪来说,所受之误解或形式上的学科话语排斥可能更大一些。但这没有关系,我关心的不是形式上的“学科”出身或是否被某个学科的既有话语接纳的问题，而是问题本身的真实性和理论解释的真实竞争力。如果大家都面向“真实的问题”本身，都有一种基于知识而非所谓的学科建制之兴趣的话，我想误解的程度可能降低一些，而与外部之对话也可能更有成效。

田飞龙：这是您多次参与“政治宪法学”相关对话及演讲的真切感受吧。我本人之前作过中国宪法学流派的研究，“政治宪法学”是学术流派化的重要体现，我觉得是个好现象，也是一个重要的宪法学术起点，尽管尚不可能期待学界的完全接纳或认真对待。您刚才提到“真实的问题”，这对于政治宪法学的定位特别重要。国内宪法学在改革开放之后伴随形式法学话语的强势扩展和法学家群体的更新换代，特别是21世纪初以来，一种根源于德日的规范主义宪法学（包括规范宪法学和宪法解释学）和根源于美国的、以简化的现代宪法原理和美国宪法判例史为根据的“判例宪法学”日渐兴起并占据主导，二者都具有超实证的“价值规范主义”的倾向，通过基本权利的价值证成和违宪审查的“沙盘推演”逐渐构筑起与中国的宪法体制及政治现实相对峙的“宪法理想国”。学界的这样一种思想与方法的转型具有积极的价值，但也可能造成与中国宪法体制以及真实的宪法决策过程的脱节。因此，我觉得“真实的问题”应该是中国“政治宪法学”兴起的直接动因。具体而言，您觉得中国政治宪法学根据的是怎样的“真实的问题”？其问题意识是如何产生的呢？

高全喜：政治宪法学作为一个宪法学术概念，正式提出的标志是端洪在2008年《中外法学》上发表的那篇文章，即《论宪法作为国家的根本法与高级法》。端洪的问题意识可能主要来自于宪法学内部，比如对 2001 年以来围绕“齐玉苓案”而兴起的“宪法司法化”学术潮流的冷静反思、对中国宪法整体结构与精神被“规范”和“文本”在技术上横加肢解的痛惜以及他自身在知识储备上重新以“主权”为抓手所获得的不同于主流宪法学家的对宪法的政治性理解。那篇论文是对中国 1982 年宪法的整体结构与精神的解释，充满了政治宪法的理性色彩，我觉得是宪法学界内部学术反思能力与建构能力的一个突出标志。端洪在那篇具有开创性意义的论文中尝试提出了中国宪法的“五大根本法”并进行了基于论理的排序，概述了英国“政治宪法”的近期学术史，张扬了政治宪法与共和主义的思想性关联，甚至最终提出了基于“主权者护宪”预设而生成的多层次违宪审查体系。有个观点，端洪提得很大胆，就是由共产党中央承担违宪审查之责，这在中国当下所有的宪法学者的知识构图中绝对是一个盲区。端洪焦虑的是如何在后现代“去主权化”和“去政治化”的语境压力下以宪政的方式建构理性的中国主权和政治，他有勇气直面根本的时代疑难问题，并且进行了很艰苦的知识准备和理论论证。端洪在学术思想上受到施米特政治法学的影响，但他的理论资源不限于此，还延伸至“早期现代”的法国启蒙思想家那里，主要是卢梭，还有西耶斯。端洪对西耶斯的文本是下了功夫的，用刘苏里的话说，端洪是在用“西耶斯”拯救“卢梭”，试图在学理上勾连纯粹的人民主权与实践性的代表制民主。不过，端洪的主要理论资源大体上属于欧陆理性主义，我本人则是亲“英美”的，这可能是我们之间存在一定理论差异的根源。尽管我与端洪在具体的“根本法”内容以及所调用的理论资源上存在差异，但对他的基本价值立场和学术关怀则是同情乃至于赞同的。

田飞龙:您对政治宪法学的初始学术状态以及对陈老师的学术理解与评价相当中肯,我基本同意。君子和而不同,同而有异,本是常理常情。我也确实觉得您和陈老师之间存在一些重要的学术思想上的差异,这些差异已经体现在具体的研究实践当中了。那么您本人的问题意识如何呢?

高全喜:是的。相对于端洪的宪法学内部视角,我本人更多地从思想史和历史的双重维度"催生"所谓的政治宪法学的问题意识。我个人的一个经验观察和基本判断是:中国始自鸦片战争的近现代过程的基本历史目标是"立国"(国家构建)和"新民"(理性公民),但这个历史性的建构目标一直未能完成,中国在思想史上仍然类似于西方近代国家创制时期的状况。为此,我提炼出了"早期现代"(Early Modern)这个关键性的概念。我所谓的政治宪法学就是要从类似于西方的"早期现代"的问题意识和理论结构中析出,因而是一种时间化的宪制发生学。2008 年年底,我针对端洪的那篇文章专门撰写了《政治宪政主义和司法宪政主义》一文,并在"北航法学沙龙"做过主题报告,青年学者周林刚在评议中点到了我的政治宪法学关怀中的"时间逻辑",很到位。关于"早期现代"这个思想史概念的具体背景与意涵,我在《读书》杂志上有专门的文章。很自然地,我是从思想史来关怀"政治宪法学的"。对应于"早期现代",我提出了作为"政治宪法学"的"宪制发生学"概念,意指发生学意义上的"政治宪法学"。在这一"宪制发生学"的具体构成上,我认为有三条线索是关键性的,即"战争—革命"、"财富—财产权"和"宗教—心灵",前两条线索我都有长篇论文并作过多次演讲,最后一条线索还在思考之中。

有人可能认为这些问题不是宪法学的问题,或者即使构成宪法学的问题，也需要首先转译为特定的权利问题，然后探讨如何通过司法制度加以保障。批评者所秉持的主要是一种宪制成熟之后的日常宪法学的“庸常”的眼光，我所谓的“发生学”对应的是宪制创生的特定时期，属于“非常政治”向“日常政治”的过渡阶段。我希望中国宪法学能够在“技术性准备”的同时拓宽思想的界域，真正深入理解一种“立宪者”而非“法官”的宪法学及其复杂性。我在对上述三条线索进行思想史考察的过程中，大致辨析出了英美的经验主义路线、法德的理性主义路线以及俄国的激进主义路线。激进主义的路线在整个20世纪通过国共两党政治文化精英的发扬，对中国之文化与政治产生的“三千年未有之变局”影响巨大。尽管这种古今剧变有着基于“救亡图存”之生存理由的强大历史合理性，但革命成功之后的常态化回归却成为中国宪政的“死结”。为此，我基于对“革命”与“宪法”关系的理论反思，提出了“革命的反革命”的宪制命题与“反革命的法理学”。当然，这种“反革命”绝对不是革命阵营之外的“复辟”或“颠覆”，而是革命者自身通过“理性”克制革命激情，通过“宽容”修复文化裂痕，通过“宪法”建构法治国家，从而达到革命成果的巩固化、制度化和良性转化。

我个人是比较推崇英美经验的，这一点和端洪存在很大差别，他似乎更倾向法德式的大陆理性主义进路。对应于这样的思想史考察，我组织编译了六卷的《现代国家立国法政文献》，涵盖世界近现代史上主要大国（英美法德日俄），洋洋300万字，即将正式出版，里面有长时段的、内涵极其丰富的思想文献和制度资料，相信对于我所在意的政治宪法学的思想史进路会是一种很好的资料性的基础。总之，我觉得中国的现代化最为关键的是“立国”,而如何“立国”很难被简化为“权力限制”和“权利保护”这样的现代宪法学口令及其技术要领,而是如何建构“权力”的问题。政治宪法学并非不关注权利问题,而是认为“立国”在政治上更加关键,同时也构成最终的权利保护的有效前提。

我的问题意识还直接来自于对中国近现代史具体经验的特定观察与体验。我觉得1840年以来中国的政治与文化精英对于“立国之道”进行了持久而悲壮的探索,总体而言并不十分成功,我们要承继此种历史责任。就宪法学现象而言,中国近现代过程中相继出现了“第一共和”与“第二共和”。所谓“第一共和”指的是1911年缔造之“中华民国”,它甚至是亚洲第一个现代共和国。今年是辛亥革命100周年,我的纪念方式比较特别,就是围绕《清帝逊位诏书》而非《临时约法》展开了政治宪法学的阐释,认为二者之合力才是第一共和的真实历史基础。这与国共两党的革命史观甚至自由主义史观都存在很大的差异。然而,“流血”最少的辛亥革命最终只是一场失败的“光荣革命”,未能成就出并顺利守护来自于上述两个主要宪法性文件的保守立宪主义的光荣成果——“共和立宪国体”。第一共和最终导向了孙中山开启的“政党国家”。同时期的共产党尽管与国民党存在政治竞争关系,但在建党原则上也受到了苏俄的共同甚至更加深刻的影响。“政党国家”是适应于特殊历史时期的革命激进主义的产物,如何向现代民主宪政和平转型成为革命胜利之后最大的宪法问题。所谓的“第二共和”指的是新中国,其宪法的终极困境也源于“政党国家”问题。从现状来看,两岸的“一中各表”只是在抽象的政治契约意义上确定了国家统一的根本伦理,但并未生成为具体的宪法事实。《反分裂国家法》是对“一中”原则的法制强化,但也并未达到宪法性的高度。所谓的两岸统一问题,在根本上是宪法统一的问题,或者说是“第一共和”与“第二共和”的制度性综合的问题。对于这样一个连绵不断的中华民族宪法统一的过程,我觉得依据单一文本(规范)的宪法解释学和规范宪法学根本无法承载。如果我们拘泥于单纯的技术性准备,就可能罔顾了中华民族的统一大业,也不可能清晰判断出“共和建国”的时间属性与政治内涵。

田飞龙:对您的问题意识,我还想作些补充。现在的宪法学者过多地关注共通的价值规范和法官的解释技术,缺乏立宪者的深沉意识和整体关怀,面对中国丰富复杂的政治宪法内涵和变动不居的时代变化以及共和建国的结构性问题,竟然由于学术视界的相对窄狭而将诸多“非中国”的问题“中国化”了,却将“真实的中国”问题“非问题化”了。更准确地讲,这是一种“去政治化”的政治,然而一个现代民族如果未经扎实有效的政治成熟过程的锤炼,在逻辑上一步跳跃到“法治的理想国”,其精神结构肯定会扭曲变形。很多缺乏反思和审慎意识的发展中国家就是如此。所以,我个人认为政治宪法学就是要挖掘中国真实宪法决策过程中的经验、程序与规则,分离出其中的主导性原则和理性规则,将本民族现代政治实践的成果理论化和制度化。其实,中国宪法文本本身也并非完全是“权利规范”,所谓的“本民族现代政治实践的成果”更多体现于宪法的序言和总纲之中。因此,政治宪法学也存在强烈的规范意识,绝对不是有些宪法论者所误解的那样,以为政治宪法学是“宪法政治学”或“法社会学”。政治宪法学的内部问题意识既产生于对中国宪法现实的痛惜与反思,也产生于宪法文本内部的政治规范及其与真实宪法决策过程的制度性联系。

高全喜:你刚才提到对“政治宪法学”的学术性误解,比如被当成“宪法政治学”或“法社会学”。具体是怎样的情况?

田飞龙:这涉及中国宪法学的内部生态问题,我也许可以为您作些线索性的介绍。今年的《法学研究》第2期刊发了山东大学法学院副教授李忠夏的一篇论文,题目是《中国宪法学方法论反思》(以下简称“李文”),其中将政治宪法学定性为“法社会学”并予以最为集中的学术批评,而对于“规范宪法学”则仅指出其基于特定价值的超实证性,网开多面,对于自身之所谓宪法诠释学(解释学)的立场则爱护有加,甚至将部分的“政治宪法学”内容塞进了解释学的开放性结构之中,比如该文对宪法原则之解释的有关论述就是如此。该文代表了以人民大学法学院的韩大元教授为主的宪法解释学的立场,尽管存在不少理论性的误解和论述上的粗放痕迹,但确实为国内宪法学方法论之比较或检讨提供了一个学术上可辩驳的框架。“宪法政治学”的误解则来自于我近期参加的一场关于宪法学方法论的学术沙龙,诸多的解释学立场的宪法学者认为政治宪法学没有具体明确的研究对象和研究方法,法学属性淡薄,因而更合适被称为“宪法政治学”。这种将“政治宪法学”边缘化或干脆开除“学籍”的做法确实存在可商榷之处。

高全喜:宪法政治学?这不太对吧。虽然端洪多次申言政治宪法学需要借助政治学乃至于社会学的方法,但并不止步于在一般社会科学意义上的现象/事实描述,也不是简单地从事实推出规范。我们最终的理论目标也是规范性的。

田飞龙:批评者就是这样批评的。李文在方法上主要借助了“事实—价值”二分的哲学方法,并分别批评政治宪法学过分关注“事实”,而“规范宪法学”则过分关注“规范”甚至是“超实证”的规范。我们主张的“政治宪法学”被和朱苏力、强世功所代表的“宪法社会学”一锅煮了，都被标签化为只关注事实描述和因果关系解释的“法社会学”，都是试图以“事实”直接证成“规范”的一种理论僭越。而李文所主张的宪法诠释（解释）学则通过规范与事实之间的“目光流转”实现二者之个案化的“融合”。

高全喜：这里似乎涉及社会科学方法与法学方法的差异性。社会科学方法主要用于“发现事实”，在此意义上是“科学”的。政治宪法学认为中国宪法学之科学化的第一步就是应该完成对完整而真实的“中国宪法”的描述，端洪在北大政府管理学院的演讲中也明确过这一点。但是，政治宪法学与“宪法政治学”或“法社会学”肯定是不同的，后者仅仅是政治宪法学努力的第一步。什么是政治宪法学的第二步呢？就是对“真实的宪法”的规范证成。第二步可能涉及法学方法的运用，但可能不同于个案化的司法性质的法学方法，而是一种“立宪者”的方法。

田飞龙：对，如何证成是个大问题，也是政治宪法学最终与一般社会科学相区分的关键所在，或者是政治宪法学仍然属于“宪法学”的理论根据所在。这个过程可能需要通过中国宪法文本中的政治规范尤其是政治原则来连接和导入。我们不是“存在即合理”的“社会科学帝国主义”，而是带有根本法学关怀的“社会科学方法”的借用者。李文为了确证自身的宪法诠释（解释）学立场，似乎将宪法解释学本身泛化了。李文界定的宪法解释学区分为规则解释和原则解释，其中规则解释运用传统的解释规则来进行，这似乎并无疑义。关键是李文对“原则解释”的界定，其声称“最能决定宪法原则之本质的是原则冲突的情形，只有在冲突的情况下，一项原则的生存意义才得以显现。而鉴于冲突情形的复杂性，这种解释必须对实践中的各种情形进行全面考量，对各种原则所代表的价值、背后所隐藏的目的、利益加以分析，仍然难以作出价值上的衡量的，必须引入相应的理论作为前提。”尽管作者竭力维护宪法解释学立场的纯正性，但这里对“原则解释”的方法论描述及其实际可能的理论工作过程却与我们主张的“政治宪法学”颇为类似。“一项原则的生存意义”更是不自觉地体现出“政治宪法学”的面向。这很容易让我们想起陈老师 2008 年那篇文章里对“五大根本法”的原则性提炼与排序，李文的“原则解释”的观点恰好证明了政治宪法学的理论正当性。人大法学院的张翔副教授在多个场合提到宪法解释学的开放性，这种开放性在李文的“原则解释”观点中得到了印证。这到底是宪法解释学的“僭越”还是政治宪法学的“僭越”？是前者“扩张”的理由还是后者“存在”的理由？

我以为这里正是对政治宪法学之规范性理解的要害所在。政治宪法学重视宪法的真实规则的发现及其与宪法政治原则的关系。通过社会科学方法发现的宪法规则相当于“原料”，宪法文本中的“原则”相当于“转换机”，政治宪法学的工作就是在搜索、确认并生产“宪法规范”，同时使得被宪法学者责之并避之的宪法政治原则获得具体化，使得一国之宪法实施与变迁始终保持一种具有真实政治内涵的、重视事实发现与规范过滤的有机过程(constituting)。但是这里的发现和解释并不主要由法官承担，并不只针对或过分拔高“权利规范”。我觉得如果宪法解释学要保持自身的纯正性，就必须大致局限于宪法的规则解释，其解释方法之开放性结构一旦进入宪法上政治原则与规范的处境之中，作为法解释论立场的宪法解释学就可能丧失其理论正当性，而作为其视角预设和应用情境的司法场域也可能因为过度政治化而丧失宪法上的正当性。

高全喜:如此而言,似乎所谓的“政治宪法学”、“规范宪法学”和“宪法解释学”都在适应现实挑战的过程中在“积极修正”各自原初的理论纯粹性,比如“政治宪法学”也有规范诉求,“规范宪法学”也不是价值中立和纯粹实证主义的,而“宪法解释学”甚至通过“解释”的过度扩张而部分消解了自身的“纯粹法学属性”和“文本形式主义”。大家都试图关怀和包容中国宪法本身的丰富内涵,只是具体的视角、方法原型、话语成熟度和理论解释力各有差异罢了。既然不同的路数都在面对共同的处境、问题与趋势进行着自我调整,甚至出现了交叉与“窜犯”的现象,就说明这些路数之间在逻辑上具备对话、合作乃至于共谋性分工的可能性。关于你对宪法解释学的这一番解剖,似乎说到了不同的宪法解释学。狭义的宪法解释学就是规则解释,方法是传统的,但较少争议,也很成熟。林来梵版的“规范宪法学”则有比照“理想规范”提升“文本规范”之“理想性”的“意图伦理”。政治宪法学显然也承担着某种具有独特性的解释任务。这里似乎存在一种立法者和法官的视角与任务分工。

田飞龙:是的,严格而言,一切人文社会科学都是以理解与解释为中心的,只是对象和具体解释方法存在差异而已。从宪法制度本身及其作为“众法之法”的独特属性来说,不仅法官需要解释学,立法者更需要解释学。我这几天在思虑一个问题,即政治宪法学与解释学到底是何种关系。我大致认为现在存在三种宪法上的解释学立场:第一种是以规则解释为中心的狭义宪法解释学,这应该是一种法解释论意义上的经典化的解释学,这种进路在中国由于缺乏案例支撑和技术上的精细锤炼，尚不成熟；第二种是以权利规范为预设核心规范的价值论的宪法解释学，即“规范宪法学”，以林来梵教授为代表，其号称是“人格主义”，我起初误解为“社会民主主义”，现在看来还是“自由主义”；第三种是以真实宪法规则和原则解释为中心的立法论的宪法解释学，即“政治宪法学”。李文的缺憾在于未能进一步细致分辨政治宪法学的“规范”意图和重点。

高全喜：你这样的一种学术图景的重构倒是可以在一定程度上清理并缓和之前多场对话中造成的误解与紧张。当主流的宪法学申言“解释就是一切”时，它可能是在哲学上主张一种基于方法之无限开放性的“文本/规范帝国主义”，但这也存在一种自我消解的危险，就是在开放扩展的过程中逐步丧失法学家或法官最初自我标榜的立场或确定性，成为对其他领域的有意/无意的“入侵者”。不过，也正是这种“解释学”带领下的法学扩张带来了与“政治宪法学”的交锋或磨合，使之触碰到了一个非纯粹的、多元共存的、适度纳入政治视角以便恢复宪法学之完整面目的宪法学世界。我倒觉得这种不期然的“相遇”有助于确定彼此的有效性限度，甚至产生在总体上有利于中国宪法学之思想性提升与解释力释放的某种共谋性分工。

田飞龙：您的这一愿望很好。通过上述对话，我渐然感觉貌似剑张弩拔的“政治宪法学/规范宪法学/宪法解释学”之关系似乎存在一种和解与合作的可能性。我个人认为将政治宪法学界定为不同于狭义宪法解释学的一种立法论的宪法解释学存在明显的理论正当性。首先，我国的宪法解释体制是立法解释模式，以法官视角和司法情境为预设的狭义宪法解释学只能提供有限的知识上的支持，而发展一种立法者视角的、重视政治宪法内涵及其经由宪法政治原则之规范生成的立法论的解释学似乎更具有知识供给上的合理性。当然，随着中国宪政体制的变迁以及宪法解释权的分权化安排，狭义宪法解释学的技术性准备显然也是大有用武之地的。其次，中国宪法中丰富的政治宪法内涵缺乏认真的对待和有效的规整，规范宪法学的“价值”偏见和狭义宪法解释学的“司法”视角导致其难以承担此类研究任务，政治宪法学可以弥补这一不足。最后，与高老师您的研究更相关，即关注“立国之道”和“立宪技艺”的政治宪法学研究，更加切合中国政治统一和边疆治理的复杂理论需求，在这一路径上，保守自由主义的秋风也可部分纳入我们的理论脉络之中。

高全喜：是的。秋风近年来以张君劢为中心的立国之道的研究揭示了民国宪政的诸多被遮蔽的内涵，这些内涵的发掘和运用对于面向祖国统一大业的第一共和与第二共和的伟大综合具有积极的价值和意义。我个人所从事的尺度更大的近代立国思想史的开拓和“大国崛起”法政经验的资料编撰就是为了支撑此种政治宪法学研究之需的。实际上，如果我们将现代中国之生成视为第一共和与第二共和结伴而行的历史旅行，则近代立宪史上的诸多资源就绝不仅仅是一种“历史”，而确确实实是一种“现实”，是富有生命的、缠绕而行的、因未加有效综合而不可能单方面完成的多元存在。

田飞龙：那么面对这样的不那样“规范”的历史困窘或契机，宪法学研究力量之一部转入“政治宪法学”之研究、心怀但暂时悬隔“权利规范”、面对整体的宪法，重视其原则、其过程，通过社会科学的方法和最终的法学上的规范证成，以及为此工作所作的比较考察和思想性积淀，这一系列工作之开展似乎就显得更加合理了。

高全喜：是的。不过很多人质疑“政治宪法学”，可能是基于两点误解或隔膜，一是学科化的话语阻隔与解释力局限，二是对“政治”本身的不健全的理解。

我在《我们需要怎样的政治经济学》一文中曾考察过“政治经济学”(political economy)这个学科的发展演变：在我所谓的“早期现代”，政治经济学比较兴盛，从政治的视角探讨经济问题蔚为风尚；进入19世纪以来，随着自由主义的胜利和实证主义方法的运用，一种侧重微观经济行为解释的“经济学”诞生并成为主流，尽管同时出现了一种马克思式的阶级论的“政治经济学”，这一时期西方主要国家的宪法制度日渐巩固；20世纪30年代的大萧条又催生了凯恩斯的国家干预式的“政治经济学”和侧重经济运行之制度解释的“制度经济学”。今日中国的“市场经济学”无法有效解释中国30年的经济成就，与中国的“规范宪法学”或“宪法解释学”无法有效解释中国的政治经验，其学科化原因与局限是类似的。从政治宪法学之演变来看，类似的学科史线索也可以大致勾勒出来，比如“早期现代”的政治科学(political science)并非今天的行为科学意义上的政治科学，而侧重政治理论(political theory)与政治法学(political jurisprudence)的面向。你最近推荐给我的洛克林的《公法的基础》(*Foundations of Public Law*)，其导言部分对英国公法理论史的梳理正好印证了我的判断。19世纪，政治宪法学伴随法学实证主义而日益成为一种纯粹规范主义的宪法学。20世纪的施米特在一定意义上恢复了某种“政治法学”的传统，当然，英国的“政治宪法”的学术线索一直都没有断——

端洪在2008年的那篇论文里专门做过简要的学术梳理——这可能跟它的独特的不成文宪法传统有关。

田飞龙:您的这一番关于学科化与学术史的考证和勾勒很有价值。现在的主流宪法学在方法上就日益走入一种窄狭的学科化轨道,只能解释部分的中国宪法现象,无法完整透视并解释中国宪法中生动的政治内涵及其规则理性。在此意义上,20世纪80年代以来有关"法学幼稚"的论断以及持续经年的有关中国法学方法的理论探讨就具有显然的针对性和真切性。前不久社科院的支振锋博士在人大法学院所做的"中国法学困境之反思"的长篇报告则代表了"70后"青年法律人对同一学术意识的承继和开拓。而晚近以来关于法学交叉学科研究的逐步兴起也印证了此种局限之真切存在。不过,您如何界定"政治宪法学"之所谓"政治"呢?这可是该路径的一个关键概念啊。

高全喜:对问题的理解与观察有时确实是"旁观者清",政治宪法学在一定意义上也可归入对"法学幼稚"的连续性学术反思的脉络之中,尽管"幼稚"之具体指向和意涵可能会因时而异。我所谓的政治宪法学的"政治"概念来自于我关于非常政治/日常政治的二分法。施米特的政治法学试图在政治的例外状态(非常政治)中寻找政治的本质与宪法的绝对性,在我看来这是个误区,也是"决断主义"宪法学沦为"政治存在主义"而非"政治宪政主义"的命门所在。施米特基于此一路径区分出来绝对宪法/相对宪法以及宪法/宪法律,这一学术上的区分对端洪影响大一些。有不少人误解端洪,以为他是施米特的信徒,是要把非常政治日常化,是要绝对打破宪政的常态性。我跟端洪有很深的交流,他并不拒绝宪政的日常化,但他始终在提示我们,制宪权的正当行使是日常宪政得以实现的枢纽和关键,因而构成了宪法学的知识界碑。宪法学家多拘泥于文本/规范而推崇日常政治,本能地害怕、拒绝或回避处理非常政治的问题或过分简单地对待非常政治向日常政治的宪制转化问题,如将"违宪审查"作为万能钥匙。我的"政治"观显然不是施米特式的,但他所提供的关于非常政治的宪法学理对我们更加完整地理解宪法的历史时间并应对宪法之根本危机还是具有重要价值的。我将宪政国家理解为有机的生命体,其生老病死有着特定的规律,这种规律未必完全是普适的,也有民族性的成分。我的"政治"概念在政治宪法学的语境中涵盖了非常政治时间和日常政治时间,是一种时间化因而是历史化的政治观。我觉得施米特的独特贡献在于凸显了被自由主义宪法学遮蔽的"国家"主题,点出了作为宪法正当性前提的政治意志并要求宪法学不得遗忘这一整体意志,也不可断然放弃对该整体意志的守护之责。但他没有想到非常政治只是政治生活的一个具有特定功能的片断,而不是生活常态,他忽视了非常政治向日常政治的宪制转化的问题才是根本问题。

田飞龙:陈老师在 2008 年那篇开山之作后,集中力量展开了对"制宪权"的研究。应该说,制宪权处理的仍然是非常政治的问题。您在多次演讲中也反复申明政治宪法学处理宪制的生死问题。从这一点看,政治宪法学之用武之地似乎局限于"非常政治"。可是我一直有一个疑惑,即这种二分法是否确实具有精确的描述功能?日常政治中有无政治宪法学的需求和空间?比如用这种二分法来说明"革命"可以,但用来指认"改革"时期政治社会的基本性质就会发生困难。您怎么看?

高全喜:这种二分法只是韦伯意义上的理想类型,并不可能与现实的政治社会的性质完全对应或吻合。就像罗文斯登的“宪政”三分法一样，所谓的“名义宪法”、“语义宪法”和“规范宪法”也只能是一种相对化的理想类型，如果强行指认或对应，反而会得出许多偏离现实的不准确的结论，甚至落入意识形态简单对立的窠臼。可以这样来看，以制宪权为中心的非常政治时期的政治宪法学肯定属于政治宪法学的范围，甚至是相对其他宪法学分支的一个独特的范围，但日常政治中也存在政治宪法学的需求，尤其是已经完成制宪的转型宪法国家。所谓的“转型宪法学”不应只是非常政治与日常政治之间的两极跳跃，而应在学术上作为一个相对独立的对象加以处理，我觉得在这个特定的政治时间里，非常政治已经因为制宪的完成而结束，但宪法上的常态建制又尚未成为一种生活事实，故属于一种“转型时间”。这种“转型宪法学”适合于放在“政治宪法学”的轨道与框架内进行学术上的建构。

田飞龙：对，其实英美的政治宪法学传统大体上是一种常态政治下的政治宪法学框架。我就专门梳理过英国政治宪法学者贝拉米的《政治宪政主义》，那就是日常政治版的。美国有“人民宪政论”的四驾马车——我本人也有幸刚刚完成其中的图什内特(Mark Tushnet)教授的《分裂的法院》一书的翻译——他们中尽管存在个别的激进主张，比如克莱默的“人民宪政主义”，但总体上遵循了宪法秩序的理性程序，只是坚持认为将更多的宪法判断交由法院进行不具有宪法上的正当性，民主分支、社会公众和政治过程应恢复生机并自觉担当起宪法的守护者。在英美国家，所谓的政治宪政主义和司法宪政主义的对峙，根据贝拉米的看法，是可以互补共存的，二者分别主张的民主正当性和法治理性都是宪法的根本价值,甚至“民主正当性”在现代政治理论框架内具有更优先的价值地位。所以,我认为“政治宪法学”的需求是遍布于全部的政治历史时间的:在制宪时刻提供宪法正当性之根本理据,在转型时期提供“有序”的民主动力与制度支撑,在日常宪政下提供可与司法系统相竞争与抗衡的、饱满而理性的民主过程与程序框架。

高全喜:二分法是为了便利政治认知而标定的“两极”,但从时间的连续性来看,政治宪法学得以连续的根本原因在于宪法之政治内涵的连续性。完全的“去政治化”是法治主义和理性主义的乐观而虚妄的企图,不可能而且也从未出现。即使是作为“规范宪法”之榜样的美国,其宪法学与宪政图景也不可能只有一种“职业主义”的面向(阿克曼概括),而宪政根本价值之维持与演进所需要的可能恰恰是具有政治宪法学性质的“整全主义”面向(阿克曼概括)。

田飞龙:不过,在“政治”概念中引入时间性,可能会削弱政治宪法学的规范主义品格,这也是规范主义宪法学死死守护的东西,当然也是据以攻击的主要武器。

高全喜:规范主义宪法学作为人类宪政文明的成果,其技术成就、对权利保护的积极效果以及在有限的历史时间里作为“冒名立法者”的改革进步功能,我们绝对不能忽视。而且这一整套的话语和技术也确实是宪法学家的看家护院的本领,是真正的、狭义的“法学”内涵,但这不意味着“两耳不闻窗外事,一心只读圣贤书(法典)”。我总是认为,政治宪法学是在为他们那一套规范主义宪法学的实践运用打造必要的政治前提,试图用学术的方法消解施米特所谓的“一个民族的正当意志”与“一个封闭的合法性体系”之间的“不可消解”的对立。

田飞龙：希望我们的苦衷能够被他们理解。但即使不理解，我们似乎也有独立的理由来加以坚守。有些宪法论者主张一种“方法政治”，即认为解释就是宪法学的独门方法，通过自主而封闭的范畴与方法的操练来对抗或阻却“政治现实”，进而体验一种“方法”中的智识快乐以及与现实政治“割袍断义”的道德满足。可是这种拉班德式的国家法实证主义实在不是很高明，基尔克就专门做过批评，认为这种方法将视野收缩到非政治和非历史的“法”之上将造成法律概念的空洞化，为隐蔽的决断主义打开方便之门。当然，中国当下的规范宪法学看到了这种危机或历史教训，也认为拉班德乃至凯尔森式的纯粹规范实证主义太过僵化，于是主张以“权利规范”作为规范宪法之价值核心，这就是上述所谓的价值论的宪法解释学。基于这一路径，宪法之规范体系便具有了面向政治的“防护网”，任何政治之实体价值或意识形态便只有经过此一防护网的检验才能进入宪法规范内部并获得证成。可是这种“价值核心”的设定可能具有任意性，甚至是对实证宪法结构与立宪者意图的误解。这种误解无疑会对宪法实践之有效展开造成负面影响。作为规范宪法学之盟友的狭义宪法解释学对这一修正同样持保留态度。比如上述李忠夏的论文中就明确批评了“规范宪法学”自设核心规范的超实证性。所谓“超实证性”就是“超文本性”，这凸显了二者的规范性差异。还有一个生动的例子，比如林来梵教授将中国宪法中的尊严条款解释为类似德国基本法那样的“基础条款”，而狭义宪法解释学则以更加忠实于文本的态度将之标定为“独立条款”。当然，二者的分歧远小于共识，且都对于政治宪法学持积极防御态势。

高全喜：上面我们对于政治宪法学的问题、定位与方法进行了较为详细的讨论，我觉得对于政治宪法学的学术建构是一种有益的推进。你在青年宪法学人里交往比较多，也有在地方挂职和讲座的经历，能否谈谈青年人对政治宪法学的接受性问题。

田飞龙：政治宪法学在当下中国的兴起也就是三年多的时间。这里有个历史时间挤压的问题。改革开放以来的宪法学逐步摆脱了"文革"时代的阶级论式的宪法学范式，开始建构自身的宪法教义学，尤其是宪法解释学获得了较大的发展。这种规范主义的宪法学刚刚立足且尚未获取具体的宪政成就，一种似乎不应在此刻出现的"政治宪法学"重新进入宪法学的学术体系之中，多少有些"搅局"之嫌。特别是在宪法学家整体为了 2008 年"齐玉苓案批复"被废止而痛心疾首时，陈老师的那篇反"宪法司法化"的政治宪法学论文的出现无疑造成了一种"雪上加霜"的效果——借用林老师曾经评价 1996 年前后的"良性违宪"论的话就是"吹皱了中国宪法学的一江春水"。所以，一般的宪法学者会本能地将"政治宪法学"与已经式微的阶级论法学联系起来，做出了许多情绪化的批评、联想乃至于误判。但政治宪法学的学术价值最终还是获得了法学家的认可，首先是愿意对话本身就是一种承认，其次是陈老师的那本《宪治与主权》在 2010 年荣获了钱端升法学成果奖一等奖，这很不容易。前面的诸多阐释已经能够基本撇清我们的政治宪法学与所谓的阶级论法学的规范性差异，这里不多展开。

说到青年学生的接受性，这可能与中国的法学教育有关。法学本科教育中，重头戏是民法和刑法，这些相对自足的部门法提供的是严格的规范主义法学教育，训练的目标是培养"法官"和

“律师”。部分学生最终会基于各种原因选择宪法学专业，而国内的宪法教科书或者流于中学时代的“政治教科书”的枯燥，或者仿效国外宪法教科书的规范主义写法或判例式的职业主义写法，训练的目标不自觉地被设定为“宪法律师”而非“宪法思想家”。所以青年学生里对政治宪法学的接受自然有着种种困难。但据我个人有限的交往和了解，具有研究生以上法学教育经历的部分青年人由于具有一定的公法理论阅读经验和自主反思能力而能够对政治宪法学的价值和意义有较为到位的认识。还有一些学校的宪法学导师开始建议学生选择政治宪法学下的具体专题作为论文题目。

政治宪法学刚刚起步，目前还主要是基础性理论研究，典范的制度性研究还比较缺乏，法学教育中的体现还基本没有。但这是一个渐进发展的过程。随着政治宪法学学术影响力和竞争力的进一步增强，以及公法学教育中政治理论分量的加重，甚至包括公法读书会这种知识传播形式的发展与规模化，政治宪法学还是可以具有一定前景的。

高全喜：你刚才提到政治宪法学的典范性的制度研究还很缺乏，我同意你这个判断。我本身的专业并不是宪法学，因此具体的制度性研究目前还难以展开。不过，我也在尝试进入这一层面。比如最近我关于《清帝逊位诏书》的研究，就是开展政治宪法学之制度性研究的一次尝试，不过我综合运用了思想史、规范分析和历史分析的方法。在我看来，有很多制度性的课题值得作为政治宪法学的研究对象，比如我刚刚完成的关于第一共和之宪法基础的《清帝逊位诏书》的研究，此外还可以考虑的是第一共和大陆时期的旧政协决议案的问题、第二共和的《共同纲领》问题，甚至还可以包括革命根据地时期的主要制度问题,等等。端洪曾经从“第三种共和国的人民制宪权”的角度对《共同纲领》进行了研究。我个人也认为《共同纲领》在当时是一部充满共和宪法精神的宪法文件,可惜未能在它的基础上生成一个规范的现代共和国。

田飞龙:政治宪法学目前确实是处于巩固问题意识、寻找与整合理论资源以及在“对话”甚至“挑战”中完成初步学术建构的过程之中,但其学术旨趣确实是制度性的,致力于发现中国宪法的真实规则并通过中国宪法的政治原则加以严格的规范证成。我们目前对于政治宪法学的学术性理解还不是特别的确定与成熟,还需要引进一些新的理论资源。在这方面,陈老师和翟小波主持的那一套“宪政古今”译丛已经在精选若干本当代政治宪法学的理论专著并联系翻译事宜了。政治宪法学的问题并不是只有中国才会遭遇到的问题。在西方,它可能是一个规范宪政体系的补充性问题,但对于广大发展中的宪政转型国家却可能构成一个无法直接绕过的“政治宪法”阶段。罗马不是一日建成的,宪政中国也一样。

高全喜:是的,比如有些问题也只有发展中国家才可能是共享的,而发达国家却已经较为成功地解决了。比如发展中国家必须在宪法学上认真处理如下概念:“主权”、“人民”、“公民”、“制宪权”、“政党”、“代表制”等政治宪法概念,并结合自身的政治经验与自主决断进行选择、构造与调整,这显然是政治宪法学的任务。简单移植西方成熟宪政模式却忽略了本国人民的经验与智慧,这多少有些历史的盲目。

田飞龙:您说到的这些政治宪法概念,中国都面临着甚至显得更加棘手。比如代表制问题,陈老师就认为中国主权结构的根本困难在于"双重代表制"(真理取向的党的代表制和程序取向的民主代表制),这一根本疑难的解决依赖的绝对不是学者自身的"决断"或"偏好选择",也不是简单的社会运动能够加以消解的,其在宪法上的实现必须诉诸政治宪法学的理性框架。政治宪法学的最终关怀首先在于解决中国自身的根本政治问题。我们需要为之提供理性、可选择性和富于竞争力的智识方案。这一前景还有赖于您和陈老师的前沿引领,以及我们这些青年人的"惊人的"勤奋与投入,因为既然选择的是一条只叫作"前方"的未名之路,就得事先做好孤独前行的心理准备。不过,"正道"最终是"不孤"的。

高全喜:今天谈了很多,这应该可以算作"对话",我也受到了不少的启发或激发。政治宪法学"为何"以及"何为",显然难以通过这样的两三个小时的对话予以完整而全面的澄清。而且有些课题也还处于尝试和探索阶段。你们青年人要多做些工作,精力旺盛,时间充足,是不可替代的优势。我个人对于政治宪法学的知识兴趣和价值认同不会改变。我觉得讨论这些问题本身,或者中国还有人在讨论这些问题本身,就是我们民族的一种理性精神的体现。

田飞龙:套用刘苏里与陈老师对话的结语,我今天所做的也主要是一种"发现思想"的工作。我的许多阐释或评论大多建立在对您以及不在场的陈老师的既有理论作品的阅读和思考的基础之上,自己本人限于学力对政治宪法学很难说有着独到的理解,更遑论体系化的思考了。不过,这几年自己也确实算是勤奋而努力。如果不是最初基于纯粹的知识兴趣和根本的宪政理想,或许不会如此的勤奋,更不会大量涉猎政治思想的原著并从中汲取营养,因为法学院的学生一般还不需要这样进行知识面的拓宽。不过,乐趣与意义也在其中,多了一种理论资源和理论视角,可能看山就不是山了,不过总体感觉还是在赶路,没有一个确定的终点。不过内心中也不十分孤独,我还是相信知识本身带来的力量和快乐。非常感谢您邀请我与您展开这样一场在辈分和知识上并不对称的"对话",这一过程中我努力激发自己的思考能力,甚至某些环节已有达致极限之感。

高全喜:希望这篇访谈对于政治宪法学的相关问题、定位与方法能够起到一个较好的解释作用,但也只是一种解释,既未必"圆满",更不奢望能够"服人",但至少希望获得尊重和认真对待。最后,就让这篇访谈成为三年多以来政治宪法学自身的一个小结同时也是一个新的起点吧。

何为中国的政治宪法学？

高全喜　张绍欣

张绍欣：高老师，您是国内政治宪法学的代表人物之一，今天很荣幸能与您对谈政治宪法学。在 2013 ~ 2014 学年，北京航空航天大学人文与社会科学高等研究院（以下简称“北航高研院”）先后举办了两届政治宪法学年会——2013 年 10 月举办的北航首届政治宪法学年会的主题是“政治结构与宪制转型”，2014 年 3 月举办的北航第二届政治宪法学年会的主题是“议会主权与司法审查暨《德国法杂志》政治宪法专号译评”。政治宪法学年会的举办，说明中国政治宪法学发展到现在，已经在学术界形成了一定的气候。我作为学生，还不太清楚政治宪法学刚出场时候的情况，您能介绍一下吗？

高全喜：政治宪法学作为一个思想学术派别出场是在 2008 年。这一年，北京大学陈端洪教授在《中外法学》发表了《论宪法作为国家的根本法与高级法》一文，引起宪法学界的广泛争议和讨论,政治宪法学正式出场。对于陈端洪的问题意识和方法论,我是赞同的,但对于他的具体观点,我有很大的质疑。随之,我在北航法学沙龙做了“政治宪政主义与司法宪政主义”的讲演,正式提出了自己对政治宪法学的理解。此后,我们两人在中国人民大学法学院、清华大学法学院、北京大学法学院和北京航空航天大学法学院,分别做了多场学术讲演和沙龙讨论,有意识地邀请了韩大元、林来梵、任剑涛、姚中秋等宪政学者以及其他众多年轻法政学者展开讨论,试图与国内的规范宪法学以及宪法解释学形成对话。这些学术活动冲击了中国主流宪法学的研究氛围,暴露出了主流宪法学所遗忘的一些重大宪制问题。

在所谓宪法学流派之外,作为一种法政思想的问题意识以及宪法学方法论的政治宪法学,在中国内地的兴起则要早得多。陈端洪自 20 世纪 90 年代以来一直致力于宪政问题研究,2007 年结集出版论文集《宪治与主权》,很多政治宪法学概念发端于此书的思考。我在 1998 ~ 2005 年的时间段主要致力于西方政治思想史的研究,那一阶段尚未结束,就转入有关宪政理论和中国政治宪法的思考,先后发表关于政治社会、宪法政治、共和政体、民族主义和国家利益等问题的专门论文,2008 年以《现代政制五论》为题结集出版,这是我的政治宪法学的序曲。

张绍欣:政治宪法学阵营中,除了陈端洪老师和您两位始作俑者之外,还有翟小波、田飞龙等青年才俊呢。

高全喜:是的。2008 年至今,伴随着政治宪法学作为一个思想流派的出场并流传以及百年中国法政历史的现实关怀及问题激发,一系列政治宪法学的著述陆续发表或出版,一时之间,蔚为大观。代表作有:我的演讲“政治宪政主义与司法宪政主义”后来修订成论文,收入文集《从非常政治到日常政治》(2009 年);翟小波博士出版了两部专著《论我国宪法的实施制度》(2009 年)和《人民的宪法》(2009 年);陈端洪的《制宪权与根本法》(2010 年);2011 年针对辛亥百年的历史时刻,我专门写了一本有关中国问题的个案研究《立宪时刻:论〈清帝逊位诏书〉》;2012 年,北京大学法学院 2012 届博士田飞龙写作了《政治宪政主义——中国宪政转型的另一种进路》,作为他的博士学位论文,并从中生发出一系列论文。

张绍欣:2010 年之后的事情我就有印象了。我记得这几年您发表了多篇关于政治宪法学的学术论文:《宪法与革命及中国宪制问题》、《战争、革命与宪法》、《财富、财产权与宪法》、《心灵、宗教与宪法》、《革命、改革与宪制——八二宪法及其演进逻辑》、《政治宪法学视野中的八二宪法》、《政治宪法学的兴起与嬗变》、《论宪法的权威》等。

高全喜:我的这些论文,正准备汇编成一本论文集出版,书名叫做《政治宪法学纲要》。翟小波和田飞龙之外,我们北航高研院的翟志勇副教授,这两年陆续发表了《八二宪法的生成与结构》、《人民主权是一种法权结构与公民行动》、《英国不成文宪法的观念流变——兼论不成文宪法概念在我国的误用》等几篇高质量的论文,是政治宪法学领域不可多得的成果。

此外,诸如姚中秋教授的《现代中国的立国之道》(2010 年)、《中国变革之道》(2012 年)、许章润教授的《现代中国的国家理性》(2012 年)、强世功教授的论文《中国宪法中的不成文宪法》(2009 年)等著述,也都可以被归入广义的政治宪法学之列。

张绍欣:这样就有了您说的"狭义的政治宪法学"和"广义的

政治宪法学”。

高全喜:评论界所谓的以陈端洪、翟小波、田飞龙和我为代表的政治宪法学,我称之为狭义的政治宪法学;此外,以强世功为代表的党制国家的宪法社会学,以及姚中秋为代表的儒家宪政主义和许章润为代表的基于国家理性的历史法学,我称之为广义的政治宪法学。

张绍欣:评论界总是认为规范宪法学与政治宪法学是两种对立的学说。但据我所知,中国规范宪法学的出场,可比政治宪法学要早很多年。林来梵教授在 2001 年出版的《从宪法规范到规范宪法》一书标志着中国规范宪法学一派的形成,这是在作为对手的政治宪法学还未出世的情况下形成的,似乎说明两者并没有“互倚互生”的关系。

高全喜:政治宪法学在今天的宪法学各派中确实是后起之秀。当今中国的宪法学研究,尽管依然是主流的意识形态宪法学、宪法解释学和规范宪法学占据主导地位,但这几年随着政治宪法学的兴起,原先的旧有格局开始被逐渐打破,一种新的思想理论路径以及概念体系、方式方法,乃至问题意识、价值取向,开始涌现出来。有人说,政治宪法学吹皱了一潭清水,也有人说,政治宪法学破除了语义学的沉闷。但无论怎么说,我觉得政治宪法学以其尖锐的思想性和现实感,戳穿了中国宪法学研究的沉闷和枯燥局面,迫使我们的宪法学人面对真实的中国宪制(包括曲折挫败的百年中国宪制),而不再是一味躲进纸质的宪法条文和西方诸国的宪法规范里自我沉吟,探幽览胜。当然,正像我一再指出的,政治宪法学只是一种问题意识和宪法学的方法论,作为一个学术流派,并不意味着我们对于中国宪制本性的认识就是一致的,也不意味着我们与上述三种主流的宪法学就是截然对立的。问题是复杂的,思想和学说也是多元的。

张绍欣:那么,请您直接界定一下,什么是中国的政治宪法学?

高全喜:说白了,政治宪法学就是对宪法之“政治宪法”面向的认识与研究,中国的政治宪法学就是对于百年中国之不同宪法及其实施制度中的“政治宪法”面向或维度的认识与研究,尤其是对1949年以来的中国多部宪法之“政治宪法”面向或维度的认识与研究。在此,我对政治宪法学的界定分两个方面:一是理论化的方面,政治宪法学所要解决的乃是作为国家—社会规范体系的制度基础问题,特别是其逻辑基础,这里也就涉及政治宪法与法律宪法的逻辑划分;二是历史和逻辑相统一的方面,政治宪法学关注的中心问题是,如何将政治的现实状况升华为有着稳固约束力的内部规范。

张绍欣:先请您解释一下理论化方面吧。我这样理解不知对不对,国家—社会规范体系的逻辑基础,那就是国家理论了?

高全喜:是的,这个国家理论就包括国家理性与国家正义、权力与权威、政治宪法与法律宪法、国体与政体、主权与代表等一系列中性概念,和自由、民主、宪政、法治等有价值倾向性的一系列概念,它们是性质不同的两类概念。关于这些中性概念,我们研究宪政和法治的人,不能把它们仅仅视为一套自洽的观念体系,它们只是具有韦伯意义上的“工具理性”的作用,研究宪制问题,还必须确立“价值理性”,我们应该秉有把握宪法制度的价值立场。比如,谈国家理性要采取立宪的国家理性的立场,摒弃赤裸裸的现实主义国家理性;在国体问题上,一定要用民主理念和法治国家理念逐步扬弃专政学说;在主权问题上,目前是人民主权与国民主权两种学说都有其阐释与实施空间,但中国大陆毫无疑问采取人民主权范畴。政治宪法与法律宪法的逻辑划分,我认为涉及历史与现代性转型的问题,我们可以等讲完历史和逻辑相统一的问题之后再来谈。

张绍欣:就国体和主权来说,美国、法国和俄国革命形成的理论经验是人民主权,当代英国共和主义者们也推崇人民主权原则——当然它与英国法在形式上所建立的议会至上原则有着一个复杂的结构关系,戴雪把它界定为一种政治主权加法律主权的双主权结构;而德国、日本这些一直走国家主义路线的国家,则是国民主权——不过"二战"后德国弱化国家和国家法范畴,代之而起的是社会范畴和社会法范畴。中国大陆是人民革命建国,采取的法统是人民主权和人民共和国,相应有人民政府、人民代表大会、人民解放军等一套说法;而国民党的法统则是国民国家(民国)和国民主权,相应就有国民政府、国民大会、国民革命军等一套名称。看来海峡两岸要想融合的话,两岸法学界起码在主权和国体学说上要有所突破才行。

沿着这个思路,接下来还是请您解释一下政治宪法学的历史和逻辑相统一的方面吧。

高全喜:这个问题针对的是国家—社会的内部规范的效力问题,就是如何让根本性的政治规范对现实的社会政治状况产生有效的拘束力。这里必须强调我指的是内部规范,而非完全外部的强制规范,所谓内部与外部的区分,主要是看规范约束力的来源是自主性的,还是被动性的,是源自内生的,还是外部强迫的。

张绍欣:您说的是否就是哈耶克所谓的"自生自发秩序"中的"内部规则"呢?

高全喜:可以这么理解,但不完全是。哈耶克的"自生自发秩序"和"内部规则"来源于苏格兰启蒙运动的"社会的自然史",特别是亚当·斯密的自然形成的自由市场经济;但是亚当·斯密和哈耶克所处理的"秩序与历史"的关系没有遭遇到革命的政治前提问题。而中国政治宪法学必须面对一个被给定的革命的现实,这就需要有一套洛克式的或光荣革命式的对于革命的平衡和安顿,需要去革命化。所以我说的内部规范还不完全是自然形成的社会规范,它涉及革命与反革命的关系问题,它是一种政治性的规范。

回过头来说,针对着革命与反革命的"秩序与历史"的关系,可以有三种思考路径。首先是完全现实主义的政治学路径,它基于纯粹的权力来追求秩序;其次是规范宪法学的路径,它基于自由和权利来追求秩序。在这两种路径的正反对立的基础上,我考虑一种合题意义上的提升,考虑把它们融汇为一个政治哲学的命题,即自由与秩序之间的关系问题,这一关系的发生和逻辑展开必然是在现代转型的历史过程之中,这样就有了政治宪法学的历史和逻辑相统一的思考维度。

张绍欣:作为学生,我觉得您的政治宪法学在方法论上采用的是政治发生学加历史法学的进路。

高全喜:准确说来,我的政治宪法学方法论是在古今之变的大前提之下采用一种生命—结构主义的方法论,将优良政制的发生与古今历史之变贯通在一起。"生命—结构主义"的方法论指的是政治宪法学并不把宪制视为一种完全机械的制度,而是视为一种富有生命的制度,其中包含着立宪者的激情、理性与决断,宪法是一个政治民族(国族)的实践性产物。如何把政治宪法纳入一个现代国家的立宪精神的有机结构之中，并揭示其内在的发生、扩展乃至衰落的法则，就构成政治宪法学的使命。这样一种方法论面对着两种不同的历史状态，即“日常政治”和“非常政治”，并且政制发生的历史过程并不是均质进行的，而是有快有慢、有涨有跌、有前进有回归，从而构成一种“革命—反革命”的复调结构。

张绍欣：发现这样一种“革命—反革命”的复调结构确实是您的独创，您是怎么得出来的呢？

高全喜：大致说来，我是通过对比英国革命和法国革命两条道路的成败得失经验而得出来的。法国大革命是人民行使其制宪权建立现代国家的典型，但是，法国大革命所释放出来的能量是政治激进主义的而非宪政主义的。我认为，唯有那种能够限制伴随革命而来的绝对制宪权的保守主义，才能带来真正的宪政。法国的情况正是缺乏这种保守主义的力量，而导致不断地革命、流血，以及持续的“利维坦时刻”，迟迟未能建立一个稳定的政治秩序。因此，法国大革命虽然产生了现代民族国家，但没有成功建立宪政。英国 1688 年的“光荣革命”，才为西方的政治宪政主义提供了成功的范式。光荣革命是一场融汇了保守主义、传统主义以及渐进改良主义等元素的革命，传统势力在其中也起到了限制专制王权的作用，保皇党、辉格党以及激进的共和主义者之间的斗争最终导致了一个政治妥协，造就了宪政体制。在光荣革命中，各派有效地达成了利维坦时刻的宪政之反动，达成了革命与反革命的结合，实现了一种政治宪政主义的正义。这种正义瓦解或消除了施米特所说的敌友政治，制止了决断时刻的重复循环，塑造了一个“不分敌友”的公民政治统一体。光荣革命的历史也有着其逻辑的一面，在逻辑上，洛克的政府论充当了从“非常政治”向“日常政治”转化的理论“中介”,光荣革命这一“立宪时刻”在逻辑上可以称为是“洛克时刻”。洛克的学说是政治宪政主义和光荣革命的最佳理论表述。洛克所倡导的法治政府、有限政府、分权架构以及自然权利,不应视为仅仅是关于常态政治的理论,而应该置于“非常政治”和国家建立的“利维坦时刻”的背景中才能得到充分理解。洛克《政府论》的目的是为了最终“安顿和守护”英国这个第一个新生的现代大国。“洛克时刻”建立起了“革命—反革命”的复调结构,最终克服了“利维坦时刻”。

张绍欣:我看到香港大学宪法学讲席教授陈弘毅述评您的宪政思想的文章“当代中国的宪法体制与政治宪法学话语——高全喜学术思想中的百年宪政主义传统之后”,其中就认为您提出的从“非常政治”向“日常政治”转化的“革命的反革命”的逻辑,是您的一大创见。结合他对您的解读,再加上我对您的思想的认识,我觉得,“革命的反革命”有着正反两面的含义。其正面含义意味着,宪政必须在革命以致战争的语境中予以理解,在这种情况下,新的民族国家诞生,人民取得新的公民身份,作为主权者行使其制宪权,从而创造一个新的政制架构。其反面含义意味着,通过革命而建立起来的宪政是在巩固革命成果的同时建立起一个稳定的政治秩序,并以宪法规定的原则、制度和程序来约束和驯服那个由革命所产生的“利维坦”的政治权力。正反逻辑的合一,就是“非常政治”与“日常政治”之间通过“革命的反革命”而建立起来的关联。

高全喜:这也是“利维坦时刻”和“洛克时刻”之间的辩证关系。

张绍欣:我看到您把这一成果应用到了对中国百年宪政史或

者说宪制史的研究中，还有对八二宪法及其修正案的解读之中。

高全喜：我是用“时代精神”来考察中国的百年宪制演变，发现从辛亥革命建立的“中华民国”开始，大致出现了三个半宪法意义上的中国：(1)建立于1912年的中华民国；(2)国民党“党国体制”领导下的中华民国；(3)在中国共产党领导下的中华人民共和国；以及(3.5)至今还未统一的中国，但是这个中国有希望在某一天凝聚为一个自由、宪政、民主的新中国。就1949年以来的中华人民共和国的宪制演变而言，我也有一个三个半的阶段论：起初是(1)1949年“共同纲领”建立起来的协商民主意义上的“第三种形式的共和国”，然后是(2)持续激进化的“革命宪法”(五四宪法、七五宪法和七八宪法)，最后到(3)现行的“改革宪法”(由八二宪法及其四个修正案所代表)，现行宪法有希望最终走向(3.5)未来的“宪政宪法”。“八二宪法”与标榜革命激进主义的“七五宪法”和“七八宪法”存在着精神要素上的重要区别，严格说来，“八二宪法”不是以重新制宪的方式制定的，而是以修宪的方式制定与颁布的。这就涉及修宪得以成立的政治前提——对“文化大革命”的反思与对无产阶级专政下继续革命论的逻辑拒斥。这种区别构成了“八二宪法”向同一法统内的“共同纲领”和“五四宪法”回归与还原的文本依据——尽管这一回归与还原的叙事更多的是一种政治行为的正当化修辞。“八二宪法”以及后来的四次重大修宪里面隐含着“革命的反革命”的因子，隐含着从“非常政治”向“日常政治”转化的宪政逻辑。正是在这个意义上，“八二宪法”是一部转型社会的政治宪法，它的政治内涵包含着两重性，呈现为革命与终结革命的复调结构。

张绍欣：您的这样一种历史发生的逻辑实际上蕴含有一个前

提，即从前现代向现代的大国转型，或者通俗地说是“古今之变”。我看到您研究英国、法国和中国，都是这样的。

高全喜：这是一种文明演进论，我认为它是一般的政治社会之法政哲学思考的前提，超出了单纯的宪法学研究。并且我对文明的演进持“保守的进化”立场。我考察现代性意义上的宪制发生，也有一个“四因说”：“战争—革命”、“财富—财产权”和“宗教—心灵”，以上是我的宪制发生三部曲，外加上一个“自由的演进”，构成“四因”。这个“自由的演进”之所以是保守的，乃是因为它取消了历史主义意义上的终极目的论，而代之以极高明而道中庸之导向意义上的“自由”。

张绍欣：前面谈话时我们留下了政治宪法与法律宪法的逻辑划分的问题，现在我们可以谈了吧？这样一种逻辑划分，可是政治宪法学得以成立的理论前提。

高全喜：确实如此，中国政治宪法学以“政治宪法”为中国宪法学的核心问题，通过一种生命—结构主义的方法论，而试图对中国的百年宪制，尤其是中国共产党领导中国人民创制的共和国宪法，给予一种真实的揭示，并诉求其未来的宪制改革和宪政宪法之底定。政治宪法学的问题意识与宪法方法论使其与主流的意识形态宪法学、宪法解释学及规范宪法学具有了根本性的区别，政治宪法学不再关注宪法条文的规范性解释，也不直接援引政治性的意识形态口号，也不看重宪法的司法化改革路径，而是直指中国宪法的结构、创制权及其背后的宪法精神以及内在的动力机制，并把这些问题归结为“政治宪法”的议题。这样一来，“政治性”就成为政治宪法学的一个中心概念，政治与宪法的关系就成为政治宪法学的中心问题，与此相关，立法权（而不是司法权）

就成为政治宪法学的核心问题,人民、革命、制宪(而不是法官、司法、权利)就成为政治宪法学考虑的关键点。

张绍欣:您谈到"政治性"的概念,我想我们已经谈到了政治宪法学的理论核心。据我所知,"政治宪法"与"法律宪法"的二元划分,直接的源头是1978年英国的格里菲思教授(J. A. G. Griffith)在伦敦经济学院所做的以"政治宪法"为题目的讲座。自那时以来,英国公法学界就依照"政治宪法"与"法律宪法"两种倾向,而分化成政治宪政主义和法律宪政主义(司法宪政主义)两种对立的流派。我个人认为,"政治宪法"与"法律宪法"的二元划分,在英国法中有着极为古老的源头和根据,即普通法传统中对"政治的"与"法律的"之二元划分。这一二元划分如果用现代法理学来理解,就是"政治性"与"法律性"之二元划分。按照麦基文在《宪政古今》中的分析,它至少在《大宪章》的时代就进入普通法的灵魂了。

高全喜:是的。按照这一历史渊源来审视现代英国法,就会发现很多创新并不是凭空产生的,不过是"旧瓶装新酒"而已。人们通常认为戴雪在19世纪末开创了现代意义上的英国公法学或者说宪法学,其理论贡献之一就在于吸收转化了欧陆公法学的主权概念,以普通法的智慧对英国几个世纪以来形成的"议会至上"原则作出了全新的理论化解释,得出了"政治主权"和"法律主权"的双主权结构。在戴雪之前,虽然霍布斯和奥斯丁都提出了主权学说,但他们的主权学说其实是一种欧陆公法的学说,对英国法传统倒是构成了某种反动,所以英国公法上的主权概念还是要从戴雪讲起。当然在戴雪的主权结构学说中,他偏向"法律主权"一方,所以他是一个法律宪政主义者,但是他没办法在英国法内部取消“政治的”与“法律的”之二元划分，所以不得不给出一个双主权结构的折中形式。这个折中形式表面看来是英国法与大陆法之间的一个折中，实际上是普通法原有的“政治性”与“法律性”二元划分之折中。格里菲思所做的“政治宪法”与“法律宪法”的二元划分，也不过是普通法原有的“政治性”与“法律性”二元划分之在当代宪法学领域的应用。

说起来，我一直推崇普通法宪政主义中“极高明而道中庸”的智慧。我承认当代英国的政治宪政主义是中国政治宪法学的一个思想资源。但是格里菲思以来的英国政治宪政主义是司法宪政主义过度发达之后的反思和回应，是现代转型完成之后的修补，与我们有很大不同——我们中国政治宪法学是中国的大国现代转型还未完成时的理论建构。他们是完成时，我们是未完成时。追溯历史，如果从宏观宪政思想史的视角来把握的话，政治宪法学就不是新事物，西方各大国在现代化转型建国时期的政治思想和公法理论都是政治宪法学。当然，转型底定之后，这种政治宪法学就成为理论预设而退之幕后，前台上出现的是功利主义宪法学和规范主义宪法学。

张绍欣：说到转型建国，英国是一个特例。我们大部分国家不幸都多多少少走入了类似法国大革命的道路。从理论上讲，中国政治宪法学似乎必然要沿着法国路线来讲人民主权，而不是英国宪制路线。不过，说到英国，其宪制确实非常复杂，英国的政治宪政主义内部也有分歧，多数学者从政治主权的角度讲英国可以被视为一个共和国，但也有英国的政治宪政主义学者压根就不承认主权概念，而只承认普通法在传统意义上的“政治的”概念。像戴雪之后最优秀的英国公法学家詹宁斯，他在《法与宪法》一书中用事实和法律推理完全否定了戴雪所说的“议会主权”和双主权结构，回到了英国法在戴雪之前的经验——“议会至上”。詹宁斯被认为是当今英国政治宪政主义的一个思想源头。这也是解释当代英国公法的一种可能性。

如果暂不考虑英国法的这种特殊道路的话，我们重新考虑还有什么西方思想资源可以帮助我们理解宪法的“政治性”，那恐怕就要数法国公法中的“政治法”传统。正如您说的，立法主权、人民、革命、制宪是中国政治宪法学考虑的关键点，这些话语在源头上恰恰来自法国的公法与政治思想。这也是我为什么说，我们大部分国家不幸都多多少少走入了类似法国大革命的思想道路。“政治法”是现代的宪法、公法、国家法等概念盛行之前的一个概念，关于它的经典论述来自于孟德斯鸠和卢梭。孟德斯鸠所界定的政治法大致相当于与私法相对立的公法，卢梭的政治法相当于今天的根本法概念或者基本法概念；孟德斯鸠的政治法中的“政治性”主要是强调政治共同体内部的统治关系，卢梭的政治法中的“政治性”主要是强调主权平衡结构之连比例公式的根本性。孟德斯鸠的“政治性”概念比较传统一些、经验一些，卢梭的“政治性”概念就有很强的国家理论的逻辑色彩了。

高全喜：如此看来，法国的政治法传统起码也就分为两派，一是自卢梭、西耶斯以降的激进主义，一是孟德斯鸠、贡斯当以降的保守自由主义。若干年前我曾为罗桑瓦龙的《法兰西政治模式》一书的中译本作序。该书谈到，传统学术界对法兰西政治模式的理解过于教条主义，基本上都采取托克维尔一家的经典描述，以一种静止的社会学方法，符号化地将法国政治模式锁定在雅各宾专制主义的固化指认上——法兰西政治就是激进主义的或革命民主主义的雅各宾一元模式。

我则认为,我们恰切地理解法国思想谱系,起码要区分保守主义、激进主义和自由主义这三条源远流长的传统。在法国政制演变的语境下,保守主义就出现两种形态,一种是梅斯特尔那样的顽固维护旧制度的所谓“反动的保守主义”,这种保守主义在二百余年的法兰西政治演变中,对于公民社会的培育乏善可陈,而其依托的王朝秩序早已被大革命打个粉碎,所以退出历史舞台乃是必然的。但是,在法国复辟与反复辟的政治斗争中,却产生了另外一种保守主义,即权威性的自由保守主义,可以说基佐、梯也尔等人的思想理论就属于这种把革命强权与自由理性结合在一起的资产阶级的保守主义,他们与梅斯特尔封建主义的保皇派迥然不同,这种保守主义对于法国公民社会的发展起到了促进的作用。再看自由主义,自由主义在法国是一个伟大的传统,但是自由主义在法国同样有两条截然相反的理论路径。一种是激进主义的自由主义,这种自由主义在启蒙运动那里肇始,在法国大革命达到高潮,成为雅各宾主义的一部分,因而变异为“绝对自由”的极权主义。但是,另外一条路径,却是以孟德斯鸠、贡斯当、托克维尔为代表的自由主义,这种自由主义在公民社会的进程中,也面临着转型的挑战,即如何应对法国社会日益增长的经济利益与积极自由问题,他们要在维护个人自由权利的价值基点上学会与集体主义结盟。至于法国的激进主义,则应该看到,面对公民社会的日益发展壮大,其极权政治的刚性原则也不是坚不可摧、铁板一块的,而是逐渐退却,趋于弱化,以至于产生了“自由的雅各宾主义”、“修正版的雅各宾主义”,出现了从赤裸的强权和抽象的个人两个极化状态到融入社会中间体的变异过程。

张绍欣:正如您通过对英法两国政治转型模式的比较,得出了“革命的反革命”的复调逻辑一样,我也希望通过对英法两国法律传统的比较,搞清楚法学中所说的“政治的”和“政治性”是什么。目前我虽然收获不大,但是得出一点,英国法传统所说的“政治的”和“法律的”之二分,是一种纵向的二分,即“政治的”和“法律的”不存在谁高谁低的问题。而法国法传统所说的“政治法”和“司法法”之二分,却是横向的二分,“政治法”高于“司法法”,“政治法”本身就构成了根本法,构成了国家法的基本法。而在英国法的传统中,“政治的”和“法律的”之二分,与“根本法”和“非根本法”之二分,完全是两码事,没有对应关系,更没有高低之分。

我想用一个常见的例子来管窥大陆法传统中对于“政治的”的理解。比如在大陆公法传统中,关于警察有政治警察与普通警察的二分法,并且政治警察的地位高于普通警察。这种政治警察,在法国公法中称为“高等警察”,在德国公法中称为“国事警察”,日本公法中最早是叫作“国事警察”,后来也改称为“高等警察”。政治警察又区分为秘密政治警察和一般政治警察,并且秘密政治警察的地位高于一般政治警察,秘密政治警察成为国家所有警察序列中位阶最高的。在“二战”前的德国公法传统中,秘密政治警察叫做“秘密国事警察”,音译就是“盖世太保”;在“二战”前的日本公法传统中,秘密政治警察叫作“特别高等警察”,简称就是我们经常听到的“特高”。而苏俄革命使得大陆公法中的警察概念发生了质的变化,即政治警察与普通警察的二分法不再存在,阶级斗争和专政学说使得苏维埃政权的所有警察都成为政治警察,剩下来的分类只有秘密政治警察和一般政治警察,苏俄内务部的警察属于一般政治警察,而从“契卡”到“克格勃”的特工都是秘密政治警察。换句话说，苏俄革命在逻辑上消除了大陆法传统中所有的“司法法”和“非根本法”，使得国家法的整个体系成为“政治法”——当然这是一种非常疯狂的状态。按照英国法的“政治的”和“法律的”纵向二分的传统，“政治的”是永远不可能吞并“法律的”。

高全喜：依照这个宪制逻辑，政治宪政主义也并未想吞并司法宪政主义。实际上，我的政治宪法学在所主张的历史演进的维度上，还有一层含义，即当政治宪政主义完成其任务，国家从“非常政治”过渡至“日常政治”后，政治宪政主义和政治宪法学最终会走向司法宪政主义和规范宪法学。因此，我所主张的宪法之“政治性”或政治宪法，从根本的意义上说，不是大陆公法传统的，尤其不是苏俄传统的政治法，而是英美传统的，即不论是成文宪法还是未成文宪法，都只是在社会转型时刻的一种特殊状态下的人民或国民主权的创制赋形，完成之际便退隐其后，不但不试图吞噬非根本法的法律之治，以及司法宪政主义，而且为后者的真正实施提供了规范约束力之制度根基。我认为，这种政治宪法制度是在历史演进中生长出来的，有着一个内生的历史演进逻辑，这也是我为什么注重中国百年宪制史的一个重要原因。

张绍欣：我最近在看芦部信喜的《宪法》一书，发现他的宪法学也不是纯粹的规范宪法学，而是有着日本特色的、跟日本的国情和历史紧密关联的宪法学。芦部信喜在书中总论部分，除了讲到立宪主义和法治国家理论之外，还讲了当今日本宪法的三大原理——国民主权、基本人权与和平主义。按照我的理解，这三大原理加上立宪主义和法治国家原理，就构成了芦部信喜版本的当今日本宪法的五条“根本法”。并且，和平主义原理在直观上就是一种政治法原理、一种政治宪法原理；而日本的国民主权原理在历史和现实中因为涉及天皇制的问题，所以也是一种政治宪法原理。认清了这一点，就能明白，日本右翼希望的修宪，实际是要修改其“根本法”之中的政治法原理，涉及“宪法的打破”问题。

接下来，高老师，能否请您谈一下对中国政治宪法学的展望呢？

高全喜：我的政治宪法学研究是立足于中国百年宪政史的视野的，谈展望我也要从百年宪政史谈起。我认为，广义的中国政治宪政主义分三波。第一波关涉从清末改制到国共双方革命建国的历史过程。在这个过程中，首先是清末改制中主张君主立宪的改良派与主张排满革命的革命派之间的思想冲突，对立的双方都在寻求政治解决的办法，都属于政治宪政主义的解决办法。到辛亥革命之后的民国创制阶段，孙中山的革命建国方略、党国理论和“军政—训政—宪政”的历史阶段论，也都属于政治宪政主义。后来国民党和共产党基于革命建国方略，走了不同的政治实践道路，它们属于不同政治立场的政治宪政主义。尤其是在国共斗争的过程中，以张君劢、吴经熊等人为代表的自由主义法律人，在艰难困苦中为了给中国追求一种优良政制确立一个目标，呕心沥血，其心可鉴，这是我们需要特别珍惜的政治宪法学的历史前奏。

中国第二波的政治宪政主义，则是改革开放之后恢复法制国家的实践过程中的一批法学家们，像董必武、张友渔、王叔文、萧蔚云等人。他们虽然在思想上受制于苏俄的国家法和国家与法的理论，以至于贬低了宪政、规范、自由和权利的宪法价值，但是他们的意识形态主导的宪法解释学在某种意义上也属于政治宪法学的大谱系，只不过其立场与立宪主义之价值立场不同而已。正是因为他们的这种意识形态的教条存在，以捍卫自由权利的宪法诉求和以司法宪政主义为导向的规范宪法学才会出现和兴起，对之构成反弹。而另外，八二宪法和四个修正案在宪法层面上为改革开放铺垫了一种去革命化的理论效果，形成了“革命的反革命”的法律思维空间，旧的意识形态主导的宪法解释学才会逐渐为当今的以基本权利和司法宪政主义为导向的宪法解释学所取代。

张绍欣：那么第三波的中国政治宪政主义就是2008年以来的政治宪法学了。

高全喜：对。虽然目前我们这一波政治宪政主义学者们的问题意识和方法论出发点相同，但还是存在价值导向方面的左中右分化的问题。像强世功关于中国宪法中的不成文宪法的观点，就是误读了英国宪法学中的不成文宪法概念，并以此来解释中国宪法，从一种新的视角捍卫了传统意识形态宪法学的党制国家理论，回到了强调一党宪政的旧欧陆政治法传统，尤其是苏俄政治法的窠臼。

刚才你在追问什么是“政治性”，而在我看来，恰恰是基于对“政治性”问题的不同理解，政治宪法学阵营内部存在着思想性张力。对何为“政治宪法”之“政治性”与“宪法性”，何为“生命—结构主义”方法论的现实性与规范性，政治宪法学内部还是呈现出很大的不同。例如，陈端洪对于“政治性”的理解就与我的理解有很大的差异，对于“现实性”与“规范性”的着重点，我们也有很大的分歧。陈端洪的关于中国宪法的五大根本法及其排序，就是现实主义的，“现实性”压倒了“规范性”。而我的“生命—结构主义"方法论,则从一开始就强调政治宪法学在终极走向上的规范性,我认为现代中国正处于一种从非常政治到日常政治的宪制转变时期,剖析这个国家的宪制结构及其背后的动力机制,实际是剖析以未来为导向的大写的"政治规范"及其正义基础。

张绍欣:陈端洪教授那篇文章题目是谈作为根本法和高级法的宪法,我现在才意识到,那篇文章实际只讲了根本法,没有在政治宪政主义的理论层面上论证出高级法是什么——他似乎认为,根本法就是一种高级法,于是就直接过渡过去了。其实恰恰是需要用司法宪政主义(法律宪政主义)的司法审查的宪法逻辑,来说明宪法就是高级法。而我认为,根本法可以是"政治法",也可以是"司法法";但是高级法一定与前现代的"司法至上"观有关联。所以,在现代的立法主权兴起之后,立法至上与司法至上是有冲突的,这样的冲突如何平衡,政治法如何成为高级法,还有高级法与立法主权之间的关系,都需要理论上的进一步探讨。

我觉得他的政治宪政主义方法初看起来,是借鉴自英国公法学界最近几十年的政治宪政主义,但实际上,英国的政治宪政主义只是激发他思想的一个药引子——不过这个药引子万万不能少,要是少了就出不来结果了。他的政治宪政主义实际是严格遵循欧陆公法中的国家法逻辑和政治法路线。他所遵循的是博丹—卢梭—西耶斯—施米特这样一条政治哲学和国家理论的路线,其核心逻辑是立法主权—人民主权(公意)—人民制宪权—人民代表这样一种高度思辨性的理论推演。他的宪政逻辑来自一种高度哲学化的政治发生学,试图以理论逻辑来涵摄当今中国的政治事实,以期释放出宪法学的解释力和生命力。

高全喜：我的政治宪法学与之不同，我试图通过引入历史和经验的维度，来克服这样一种纯粹逻辑推演的政治哲学，从而构建起历史与逻辑相匹配的宪政发生学。在思想资源上，除了我们共同的"政治宪法"概念和宪制发生学方法之外，我摒弃了他所严格坚持的欧陆公法模式，而代之以基于洛克政治思想和英国光荣革命道路的"革命的反革命"之理念，以及当代美国宪法学家布鲁斯·阿克曼基于美国宪政经验的政治宪政主义。我是要以自由的价值导向和历史演进论，探讨中国这样一个有着数千年传统而又面临现代转型的大国，是如何在百年的早期现代史中（到今天依然没有走出这个历史过程）生发出自由的宪政秩序的。

说到对未来的政治宪法学之展望，我以为还是要以中国的现实命运和时代诉求为着眼点，当今中国最根本的宪法问题是党、人民与国家的关系问题，所谓深化改革、国家治理现代化、政治文明建设、传统与现代的对接，以及台湾问题、香港问题、西藏问题、疆独问题等一系列棘手问题，都与上述的根本问题有关。而这些问题又都是政治宪法学或政治宪政主义所必须面对的问题，甚至是中国在当今世界格局中，如何融入新世界主义之天命所系的问题。所以，无论是从国内还是从国际上来看，政治宪法学在将来都有广阔的运用空间和富有生命力的理论前景。

张绍欣：回想 20 年前，中国的宪法学仍处于传统意识形态的宪法教义学阶段，不过短短的 20 年间，中国宪法学就走出了意识形态的宪法教义学，而发展出了规范宪法学、政治宪法学、宪法解释学、宪法社会学、比较宪法学等众多流派，虽然目前还都处于发轫的初步阶段，但毕竟呈现出多元争鸣的局面。这是难能可贵的，也是时代所期望的。我与高老师一样，对于政治宪法学的未来发展与理论成熟充满信心，在未来的中国社会乃至世界社会的大转型中，中国政治宪法学的兴起和演变，自有其迎接时代挑战的理论与历史意义。

宪法学研究与时代判断

高全喜　王　锴

王锴：高老师，您好，很高兴能跟您进行一个面对面的学术交流。您可能也知道，从 2013 年 5 月开始，随着“宪政与反宪政”争论的展开，中国宪法学研究又进入了一个低谷时期，我不知道您对上述现象如何看待？或者说您认为目前中国宪法学研究的“症结”在哪里？

高全喜：我认为中国的宪法学研究主要是应该探讨中国这样一个转型社会之际宪法的结构，以及宪法运作的动力、形式和目的，这是中国当今宪法学研究的主要内容。具体所要达成的目标，主要是探讨在转型社会中，我们的宪制构建、权力分配与制衡、人权的保障。中国目前宪法学研究的主要内容大概是这三大内容。但是研究这三大内容要有出发点，我们要基于我们所处的当今时代，对这个政治社会要有一个时代判断，即这个社会是宪法学意义上的怎样的社会？这个出发点，以及在这个出发点背后所蕴含的我们一些基本的宪法学立场，决定了我们对上述中国转型社会的宪法问题，即动力、形式与目的，具体表现为宪制结构、权力的分配与制衡、权利保障三个方面的内容，有一个基本的观点和看法。如果对时代没有一个实质性的判断，尤其是宪法学意义上的判断，那么我们的宪法观就会陷入茫然。

王锴：我对您的这段话的理解是，您认为目前中国主流宪法学研究的问题在于，没能搞清楚自己所处的时代定位，是吗？

高全喜：是的。我自己有一个基本的看法，即我们处在一个转型社会，处在一个从非常政治向日常政治演变过程中的变革时代，中国当今的宪法学研究应当在这样的背景下来探讨中国宪法的内容与形式，以及人民期望达到的稳定的、和平的、良好的宪制目的。

王锴：您的这种批评，我在其他一些政治宪法学者的论述中乃至一些支持"法治的本土资源"的学者的论述中也看到了，即中国宪法学（可能还可以扩及中国法学）的一整套话语体系都是西方的。而这些看似"中立"的理论、技术背后其实蕴含着西方人对他们所处时代所面临的问题的思考，但中国学者在移植这些理论和技术话语的时候并没有注意到上述背景，从而导致理论研究越来越脱离中国的实践，甚至产生一种理论研究的现实无力感。那么，您如何看待这种现象？

高全喜：我认为，宪法学研究面临两个层面的思考视角：第一个思考，任何宪法学研究都需要一套宪法学的概念体系。就目前来看，政治宪法学在研究宪法问题时，大致有两个谱系：一是英美宪政的系统，从霍布斯、洛克到阿克曼等；二是法德俄政法的系统，从卢梭、列宁到施米特等。两个概念系统沉淀出一些基本的概念体系,它们是我们研究现代中国宪法不可缺少的概念工具。问题在于,这两套概念体系或概念工具,并不能对我们所处的时代状况给予一个准确的描述和判断,因为毕竟它们是西方现代社会演变中的两大理论谱系。中国宪法学研究要用一些概念、术语,比如非常政治、日常政治,立宪时刻、主权构建等,这些概念只是一个近似的描述。要判断中国当今处在一个什么样的政治状况,以及系统描述其宪制的内容与形式,当然可以借用这些概念,但要找到内在的属于中国宪制本身的真实逻辑,西方的概念体系可以借用,但肯定不是准确的。

这种情况下我们就会面临第二个层次,即宪法学研究的中国语境。我最近几年着重研究的是中国百年宪制史,我认为有两个脉络:一个是近现代中国历史的千年未有之变局的中国宪制,这个现代中国(法治与宪政中国)还在继续演变。我们在这里要找到中国历史演变过程中自己本土所产生的一些概念和逻辑,以及描述和判断,这是一个大的思路;另一个是中华人民共和国建立起来的这60年,尤其改革开放这30年的改革史,以及贯穿改革开放的宪法史,这些都与中国政治体制改革、经济体制改革有着密切的联系。无论从百年中国的宪制历程,还是从改革开放三十年的宪制历程,中国的宪政道路都还没有完成,都还没有达到我们所理想的日常政治状态下的和平、稳定,具有正当性的宪法结构,都在朝这个方面迈进。

考察中国目前的宪法学研究,我认为大体上面临上述两个层次问题的交汇贯通;对于政治宪法学来说,又可以罗列如下几个大的问题群:例如,近现代史中的立宪、立国问题;政治宪法以及结构问题;关于革命、改革与宪法演进的逻辑及其两难问题;宪法创制过程中的革命与反革命问题;宪法变革的动力机制问题。基于政治宪法学近期引起的争论,我在前不久的文章中,又提出了政治宪法学内部左和右的问题,并强调了规范主义的政治宪法学问题。政治宪法学要不要规范?它的规范到底从哪里来?这些问题是我们需要回答的关键问题。

总的来说,中国处在一个转型社会,或处于从非常政治到日常政治的演变过程之中。这个过程中,中国宪法的内在结构是什么?我们应该怎么研究这个内在结构的构成与演变?寻找其演变的基本动力是什么?基本结构的表现形态是什么?指向未来优良宪制的目的是什么?我认为要处理好政治宪法学与宪法解释学和规范宪法学的关系,通过政治宪政主义之手摘取司法宪政主义之果,这个基于权利保障的司法宪政主义,当然是以规范宪法学与宪法解释学为主导的,但是这个过程还远没有完成。

王锴:据此,我初步理解了您试图解决中国宪法学问题的大致方案,即回到中国宪政的历史脉络中去发现中国问题的根源,我对这个思路还是比较欣赏的。当前我国宪法史的研究对此还是较为欠缺的,一方面受限于史料,但更重要的是缺乏从史料中去发现问题的历史逻辑感。您在《立宪时刻》一书中表现出的历史逻辑感让我非常期待您未来有关中国宪政史的研究。另一方面,我注意到,您刚才提到了规范主义的政治宪法学问题,这与我在研究英国政治宪法学中的规范主义流派非常接近。

高全喜:你可以简单讲一下你对英国规范主义政治宪法学的理解吗?

王锴:好的,高老师。英国的政治宪法划分为描述主义和规范主义两大流派。描述主义的代表人物是格里菲思,而将格里菲思归入描述主义的则是汤姆金斯。汤姆金斯的“证据”就是格里菲思的“名言”:宪法日复一日地存在、改变,因为宪法就是实际发生的事情。发生的每件事情都是宪法的,即便什么也没发生,那也是宪法的。汤姆金斯认为,格里菲思缺乏规范的内涵。“对于格里菲思来说,首相在下议院回答问题,并非宪法要求他才这样做的,而是因为他发现这在政治上是有利的。如果首相拒绝回答,这也不违宪,仅仅反映了宪法已经改变的事实。”所以,对于汤姆金斯而言,格里菲思是站在政治的层面发表意见,而非在进行宪法分析。他没能发展一种政治宪法的规范模式,从而给法律宪法的支持者们显示政治宪法的缺失将威胁到价值,换句话说,英国如果从政治宪法走向法律宪法并没有在价值上处于危险境地,因为格里菲思从未说明政治宪法的规范或价值。

规范主义的代表人物是汤姆金斯和贝拉米。汤姆金斯致力于将共和主义宪法的结构定义为负责性,即那些行使政治权力的人必须对授权他们行使的人负责。汤姆金斯认为,这就是英国宪法的政治性,并且得到了共和主义的支持。汤姆金斯超越了格里菲思的描述主义的模式而为政治宪法的实践提供了一种规范解释,他试图揭示,如果从政治宪法走向法律宪法会面临什么危险,这对于英国宪法的性质、内容和未来方向的讨论是一个重要的贡献。与汤姆金斯极力与格里菲思“切割”不同,贝拉米则将自己的理论建立在对格里菲思模式的扩展上。贝拉米试图揭示,政治宪法就是日常政治过程的直接表达。他反对法律宪法所提出的宪法对于政治家来说是一个固定的终点(当然,法律宪法并不是主张宪法是不变的,而是主张宪法的改变必须在司法的解释的伪装下进行),相反,他认为宪法是一个偶然的、动态的活动,不存在唯一的、可识别的制宪时刻。因为分歧永远不会停止，同时因为环境的改变将影响人们的理性观点，所以，宪法制定必须被看作是一个持续的政治过程，政治宪法是通过作为日常政治活动的焦点的立法过程创造、维持和修正的。同时，贝拉米对共和主义的援引也是为了说明法律宪法的去政治化的不可能。他认为，权利并非先验的，因为确定权利的范围和内容不是在政治之前，而是在政治之中。简言之，既然权利不能从政治讨论中脱离，那么权利也就不构成政治讨论中的中立之物；进而，政治讨论的语言应当由参加者通过政治来构建，公民应当去决定政治的环境。因此对于贝拉米来说，民主的过程就是宪法。与汤姆金斯一样同属规范主义阵营的标志就是，贝拉米同样揭示了英国如果从政治宪法走向法律宪法将会损害规范的价值，共和主义的无支配的自由、政治平等将会丧失。

我认为，英国政治宪法从描述主义走向规范主义的发展路径给我国的启示在于，政治宪法不能仅仅站在事实的角度来描述，即不能因为“事实上是这样”就“应当这样”，而是要让人们感受到，如果不坚持政治宪法将会导致某种价值上的损害。这从汤姆金斯和贝拉米最终都诉诸共和主义就可以看出，因为只有共和主义所提倡的“公共善”才能抵御法律宪法所主张的“权利和自由”的应然性。因此，英国政治宪法的规范主义转向的经验告诉我们，政治宪法要取得更稳固的根基，不是用事实来充当价值，而是用价值来对抗价值。

高全喜：你讲的这一点非常重要，我觉得政治宪法学至少有两大具体难题：(1)宪法学中的事实与规范的问题。这是一个基本的宪法哲学的问题，如何从现行宪法的文本以及实施中开发出规范，而不是外在的借来规范。怎么能够开发出有生命的规范，这点很难，但是我们干的就是这个活。宪法学中的事实与规范问题是一个重大问题，各国宪法都存在这个问题。(2)建国立宪、宪法实施与司法审查问题。尤其是政治与法律的关系问题，从根本性上说，就是党与宪法的关系问题。回顾中国百年制宪史，我们有民国宪法，有四七年宪法，有共同纲领，有五四年宪法，有八二宪法，我们从这些宪法中要找到如何处理政治与法律的关系问题的依据，尤其是如何处理党与国家的宪法关系问题。

王锴：您讲的宪法实施与司法审查问题、政治与法律的关系，在英国政治宪法学者的论述中也有所触及。

在2010年的《法院在政治宪法中的角色》一文中，汤姆金斯指出，政治宪法与法律宪法的最主要区别在于对于如何确保政府的负责性的分歧，政治宪法认为负责性要通过政治制度(例如议会)、政治人物(例如议员和选民)、政治手段(例如争论、提问和调查)来获得，法律宪法认为应当通过法院、法官和诉讼等法律制度和法律手段来获得。他认为，法律宪法无法解决限制司法裁量权和保护公民自由之间的冲突，而要解决这一难题，法院必须清楚自己应当做什么。首先，法院擅长的是程序问题，但是对于一些实质问题，比如可接受性、合理性或者合比例性，法院并不比立法者判断得更好。法官是程序方面的专家，他们要确保程序的公正。他们有几十年的经验来处理程序公正方面的疑难和有争议的问题。这方面的司法记录普遍是好的，虽然并不完美。但是，在英国的实践中，也有大量的例外，法官不是认真对待程序公正，比如在国家安全领域。但这是例外而非规范，规范是他们考虑公众调查的公正性、地方政府的公正性、政府咨询过程的公正性或者法庭本身的公正性。其次,法院擅长的是基于证据的事实发现,法院不应去解释那些模糊的、不明确的或者不确定的政府权力,而是要探求政府行使权力的事实基础,即政府的权力必须是在议会明确授权的范围内或者政府的主张是有根据的。任何有关政府权力范围模糊的疑问都应当通过这种方式解决。最后,汤姆金斯认为,法院应当促进议会,支持和繁荣政治宪法而不是相反。这体现在法院适时地将问题求助于议会。比如在《人权法》下,法院无权废除立法,即使它公然违反《欧洲人权公约》,法院所能做的是宣告立法不一致(incompatibility)。这种不一致的宣告并不会影响该条款的效力和继续运作,这种不一致宣告发布后,议会将重新审议该条款,从而决定是否维持其效力,要么修改它,要么废止它。汤姆金斯建议将这种方式进一步扩展到有关政府权力的含义和范围的疑问以及政府没有获得议会授权的行为和绕开议会审查的行为领域。诚如汤姆金斯所说,政治宪法反对司法审查并非主张取消司法审查,而是要让法院找到正确的位置。

关于政治与法律的关系,他们认为,传统有关法律与政治关系的论点是基于自由主义立场的,即如果不能实际废除政治,至少要通过法律和宪法来限制它。正如洛克林所说,自由主义的目标是让政治穿上法律的紧身衣。这是一种看淡政治、相反对于法律则是高度赞扬的观点。它抬高法律的理想品质,而用一种消极的态度看待政治。政治被视为是一种被热情统治的活动,政治的领域是危险的、具有潜在破坏性的。因此,限制政治是为了确保热情朝着正确的方向发展。政治必须被驯化、设置一定的界限,如此它的能量才能被驾驭。也就是说,才接受理性和正义的支配。但是,政治宪法学者认为,政治并非一头野兽,需要受制于法律或者被法律“阉割”。因为政治使我们自由，让我们成为人，没有它，生存是不可能的。当然，说政治使人自由，意味着这种自由并非自由主义所说的自由。自由主义的自由是独处的权利，是一种原子式的自由。而政治给我们的自由不是无干涉的自由，而是无支配的自由。政治生活意味着我们不必生活在暴政中，这种自由不是单独享有的，它是一种复数的自由，是与别人分享的东西。同时，这种自由并不受国家的威胁，相反，而是被国家积极地促成。正如阿伦特所说，成为人的条件是由三种基本的活动组成：劳动、工作和行动。劳动是繁殖的生物功能，工作是制造的机械功能，行动是所有政治生活的条件。对于阿伦特来说，行动是政治的本质，她说，政治直接来源于集体行动，在这过程中，分享语言和行为。行动不仅是世界的公共部分，也是形成世界的活动。而行动，不像劳动和工作，永远不可能是孤立的。杰里米·沃尔德隆也指出，分歧是不可避免的，政治规则就是寻求调和人类的分歧。政治是一种调停机制，政治宪法就是把政治、行动和调停的技术作为中心。政治宪法认为自由并非是人摆脱外在世界压力的内在领域，而是仅仅存在于公共生活中。

高全喜：从你的描述中可以看出，英国政治宪法学者们的论述有着很强的方法论意识，即他们将自己的观点建立在宏大的理论基础——共和主义——之上，以此来构建起一个庞大的认识各种政治和法律现象的体系，同时也使得自己的各种主张在理论上取得融贯性。所以，我主张，政治宪法学应当有自己的方法论，就像规范宪法学和宪法解释学都有自己的方法论一样。但是规范宪法学和宪法解释学的方法论，从理论渊源来说来自于西方现代社会。西方的宪法学研究，尽管有各家各派，但却有一个基本的共同的预设前提,即它们的政治社会是一个日常的宪制民主社会。宪法学家们一般谈到方法都是采取所谓价值中立的方法,但是我要提醒的是,韦伯的价值中立命题本身有一个如何正确理解的问题,我认为任何一种社会科学,尤其是宪法学和政治学,不能完全摆脱研究者的价值偏好。就我来说,我是属于比较保守的自由主义思想谱系。所以我的研究方法贯穿着自己关于宪法学的价值偏好在里面。

王锴:我注意到了您与我国其他的政治宪法学者的不同,就是您有很强的方法自觉。您曾经讲到,政治宪法学认为中国宪法学之科学化的第一步就是应该完成对完整而真实的"中国宪法"的描述……但是,政治宪法学与"宪法政治学"或"宪法社会学"肯定是不同的,后者仅仅是政治宪法学努力的第一步。什么是政治宪法学的第二步呢?就是对"真实的宪法"的规范证成。第二步可能涉及法学方法的运用,但可能不同于个案化的司法性质的法学方法,而是一种"立宪者"的方法。我对这个"立宪者的方法"一直不是很清楚,您能不能在这里向我具体解释一下?

高全喜:好的。我主张的政治宪法有两个主要方法:一是生命—结构主义方法;二是历史—规范主义方法。

生命—结构主义方法。我认为宪法体制是一种人造的结构,是一种有内在生命力的结构,不是一个自然事物,不是一个自然的秩序,其中贯穿着人的意志、理性、激情和利益等。这样一种宪法必然是一种有生命力的宪法。在这个宪制结构中有不同的原则、不同的规则,有一般的系统结构等。这样的宪法有它的发生、演变,乃至变革,甚至衰落的历史过程,是一个生命体。宪法结构的衰落就是被修改,甚至重新制宪。这是有生命力的、人造的结构，在这个结构中，用传统古典政治学的研究方法，例如尚未区分政治学与宪法学的亚里士多德的方法，可以纳入他所谓的质料因、形式因、动力因和目的因的四因说之中，而这个四因说其实就是一种生命—结构主义的方法论。所以，我自己近期的一些研究，关于中华民国之立宪时刻的研究，关于中国百年宪制一系列重大的法案、文本，甚至政治事件的研究，基本上是贯穿这样一种方法。

历史—规范主义方法。就像人造的宪制结构本身有一个产生的过程，它必然有一个演变的过程。历史主义是分析宪法学的重要维度，我们需要分析宪法制度的演变过程。现行的中国宪法，美国宪法、英国宪法都有一个演变过程，历史主义维度是研究宪法学的一个重要方法。但问题在于历史主义维度本身很有可能导致法律实证主义和法律现实主义，一切在历史中呈现的东西都是客观的、合理的，单纯历史主义很可能导致最终的虚无主义、法律实证主义或现实主义。如何看待历史演变中的宪法，尤其是政治权力作为主导的宪法，我认为应该接纳规范主义的原则，彰显宪法结构不同于客观情势的规范主义的历史方法论，宪法是一个人造的事物，最关键的原则，不是现实性原则，而是正当性，正当性是绝对原则，但这个宪法正义不是天上掉下来的，而是在历史中演变出来的，通过一系列宪制结构中的重要契机，创生出来，有可能是在创制时期，有可能是在修宪时期，但无论怎么说，这个历史演变过程必须要有规范的价值。在这个过程中，历史规范主义的方法是我主张的一个主要方法。

王锴：刚才我提到了您与我国其他政治宪法学者的不同。目前，我国公认的政治宪法学者主要有三位：您以及北京大学法学院的陈端洪教授和强世功教授。我注意到,你们的的主张是“分歧大于共识”,这一方面在于你们所依据的理论资源并不相同;另一方面在于即使相互之间存在共同点,但“理论企图”也不一致。

陈端洪教授和强世功教授的立场接近于英国政治宪法中的描述主义流派,即探求宪法运作的真实图景。只不过陈是从宪法文本之中去寻找更接近宪法现实的规则,而强是在宪法文本之外去寻找支配宪法运作的“潜规则”。但诚如前述,格里菲斯所代表的英国政治宪法中的描述主义流派的不足在于缺乏规范性。即它无法让人们感受到,如果不坚持政治宪法将会导致某种价值上的损害。上述批评同样适用于陈、强两位教授。无论是陈文将“中国人民在共产党的领导下”作为第一根本法还是强文将《中国共产党党章》作为中国的不成文宪法,都是一种事实的描述而非规范性的应然。

高全喜:是的。陈端洪或其他人所主张的左派政治宪法学之所以遭到诟病,原因即在于他们理论中的历史现实主义,存在都是合理的,如果这样的话,宪法的正当性、规范性何在?但是我也不赞成教条的规范主义,在中国百年宪制过程中,美国、法国宪法中蕴含的普世价值,它们作为基本规范,究竟是怎么在中国百年宪制演变过程中产生出来的,如何得到人民的同意,得到制度的体现?规范宪法学没有给我们提出一个历史合理的说明。我大致赞成韩大元教授的观点,要追问的是怎么发生的?为什么很多事情让我们感到遗憾?几亿人,上百年的历史,改革开放这么多年,这些东西为什么没有形塑成中国之富有生命力的宪法?对此采取历史—规范主义的方法,或许可以找到一些线索。我觉得要有自己的选择,或者赋予它以意义。这是我在此提出的关于政治宪法学的两个方法。我最近一系列关于中国百年宪制的研究，就是尽可能力图把这两个方法贯穿其中。

王锴：您不断地提到“日常政治”和“非常政治（宪法政治）”的区分。这种日常政治与非常政治的二分法起源于德国宪法学者施密特，而倡导于美国宪法学者阿克曼。但是，阿克曼的主张与英国的政治宪法在背景、主张上截然不同。（1）背景上，阿克曼的宪法政治理论奠基于其提出的二元民主（dualist democracy）理论。阿克曼认为，二元民主奠基于人民主权原理，是相对于议会主权原理下的一元民主（monistic democracy）而言的。议会主权强调议会才是人民意志的最高呈现，并具有超越其他国家机关的民主正当性，而人民主权强调人民本身的意志才是所有国家权力的来源，因此，所有经过人民意志选择的国家机关的民主正当性是相同的，没有高低上下之分。在二元民主理论的主导下，阿克曼进而从美国宪政的发展经验中总结出两种不同的决策程序，即一般政治家为表达选民利益所形成的常态政治和一群有理念的团体或领导者所组成，企图争取人民动员支持，从而凝聚共识的宪法政治。反之，英国的政治宪法则是维护代议制民主，即以一元民主为中心。（2）主张上，贝拉米认为，阿克曼的理论存在两个缺陷。首先，阿克曼把宪法政治描绘成一个审议民主的形式，审议民主伴随着交往理论，强调分享目标。讨论仅仅是一种发现共同的理解和目标的手段，但是在现代多元社会，这种共同性是不存在的。即使在阿克曼所说的宪法政治的危机时期，人们基于对军事或经济威胁的恐惧更加团结，使共识的达成更加可能。但是妥协有好坏之分。奴隶制就是一个臭名昭著的坏妥协。其次，太频繁地修改民主的规则是不英明的，正如麦迪逊反对杰弗逊定期选举将产生一个高度不稳定的体制一样,阿克曼的宪法时刻理论提供了一个更有限、更可能的视角。然而,它把是否改变的问题交给例外状态和通过一种特殊的政治,然而,在英国、新西兰这样的国家,议会有权作快速的改变,因此宪法讨论将成为日常立法过程的一部分。因此,阿克曼的宪法政治理论并非一种立宪政治的主张,而是在维护既有宪法文本之下的宪法变迁(constitutional change)。这种宪法变迁产生的根本原因在于美国的成文宪法修改极其困难的情况下承认宪法文本与政治现实之间冲突的正当性,但是,该问题的重要性会随着宪法修改难度的降低而降低。因此,在宪法修改频繁的国家,社会的发展会及时地通过修宪而反映到宪法文本之中,而不需要动员民众从事宪法政治来形成。总之,美国的宪法政治是在成文宪法极难修改的背景下通过政治——直接民主来形成新的宪法规范,而英国的政治宪法则是在缺乏成文宪法的背景下通过政治——代议制民主来解决宪法性的问题。即前者是宪法下的政治,而后者是政治作为宪法。

高全喜:毋庸置疑,政治宪法学有各种各样的问题,有各种理论的困境和难题,从大的方面来说,我主张的政治宪法学主要是三个理论难题:

1. 如何准确判断我们时代的状况,并用一套属于中国自己的宪法学概念和体系予以描述、分析和判断。在我看来,必须进入中国百年立宪史,政治宪法学的宪制史研究,不是资料汇编,而是对中国百年宪制内在的东西,我们宪法中还在生长、发展的东西的思考,这一点很难。民国初年的法统、国民党的法统、共产党的法统,均体现在我们的宪法中,对此,我们的研究不能单纯使用英美、德法俄的概念系统,但是,党史的概念也不行,要变成中国宪法学的概念,予以描述、分析和判断,目前还缺乏这样的宪法学成果。

2. 如何从理论上对规范宪法学与宪法解释学的理论和制度进行分析,打通与它们的理论逻辑关系。从政治宪法走向法律宪法,我赞同,问题在于有一个过程,怎么打通这个过程。宪法中的政治属性和法律属性要落实,要解释,要研究,怎么找到一系列逻辑,而不是意识形态或新闻报道,要有内在的逻辑,变成具体的制度,怎么处理这个政治问题的宪法化,还是个难题。

3. 如何处理政治宪法学的左和右的理论与价值分野。我和规范宪法学和宪法解释学的方法论不同,但是,我和“左”派政治宪法更有重大的理论与价值的分野,主要体现在法律现实主义和法律规范主义之不同,这里面临的难题,是否存在,怎么找出来,或挖掘出来,逐渐在中国一系列宪法制度的变革身上,从理论上赋予它规范性的意义。

总的来说,政治宪法学不可能解决所有问题,也不诉求解决所有问题。我再次强调,政治宪法学致力于解决的是,在当今中国这样一个转型社会,其宪法制度的动力、形式与目的问题,尤其是试图发现宪制结构变革的动力。动力在人民、在党,还是在哪里?这些攸关的宪法学问题摆在我们面前。当这个时代过去了,我们就可以退休了,敬请其他宪法学家们出场,研究宪法条文,解释司法案例,规范权利体系。那真是一个令人向往的时代!

第三编

我 襟 在 兹

是时候了，法政思想的出场

高全喜　宋学鹏

自从中国古典王朝的大门被西方的枪炮敲开之后，从几千年王朝古国脱胎的现代中国，不得不在古今中西四个维度中艰难寻索自己的前途。

洋务运动、戊戌变法、晚清立宪、辛亥革命、国民革命、五四运动直至新中国成立，中国人在追求一个独立自主的国家的同时，也在谋求一个好的社会生活。之后，新中国前 30 年留下了深刻的历史教训，后 30 年进入改革开放，文化和经济等与世界接轨，进入富强大国之列。

但一个好的社会生活并没有随之而来，中国内在的焦虑、转型的困难依然在考验着现实的中国。

经过百多年历史的求索和近 30 年国力的积淀，现在的中国也许是最需要智力和思想的时候。

晚近 30 年中国的改革开放，文学、哲学、社会学、经济学等都为社会的发展提供了思想资源。中国的经济体制改革取得了很大的成功，文化生活日益丰富，而唯有政治共同体生活还处在艰难的转型中。而这个转型则与更为长远的历史相关联。所以也更为迫切需要法学与政治学能从本土意识出发，梳理古今、中西资源，为这一转型提供思想支持和内在动力。

正是把握住这一时代的需求，四年来，北京航空航天大学法学院教授高全喜一直在主编一套"法政思想文丛"，文丛目前已出齐12种。这些著述不论资历、职称，以原创性思想为尊，意图为转型中国提供思想资源，寻求一个普遍的法律与政治之道。

在高全喜教授的书斋，他接受了专访。在访谈中，高教授将法学与政治学的百年构建历史和当今时代对法政思想出场的吁求进行了详谈。

寻求转型中国的法律与政治之道

宋学鹏：在中国近30年的改革开放中，文学和哲学、经济学和社会学都曾在特定时期发挥过重要作用，促进了社会发展。近年，随着中国社会转型的深入，人们对法学和政治学的期望高起来。您怎样看待这种变化和需求？

高全喜：中国社会的转型在我看来，可以说是中国近百年来在古今、中西两个层面转型的延续。改革开放这30年，我们一直都面临着这样一个转型。

这个转型最早可以追溯到鸦片战争、甲午战争，近说是辛亥革命——第一个共和国的建立。从这时起，中国就开始从古典、古代的王朝政治到现代共和、民主政治进行转型。某种意义上说，这个转型还没完成。用一个大家熟知的比喻就是"历史三峡"

我们还没有走过。

现在,我们在经济层面、观念层面很多方面都融入了现代社会,甚至面临后现代的问题,但我们的法律制度、政治制度——这是一个社会共同体中最重要的制度,它的骨骼还没有完成从古典社会到现代社会的转型。所以我经常有这样的比喻,我们前腿已经迈入现代或后现代社会,但我们相当的部分还处在前现代,大脑等主体部分还处在转型中。

在这个状态中,就需要有思想资源为这个转型提供动力,尤其在法律和政治方面。

宋学鹏:这是您四年来一直在主编“法政思想文丛”这套书的初衷吗?

高全喜:这套“法政思想文丛”四年来已经出版了12本。丛书的基本定位是关注转型时期有关法律与政治的中国问题,为转型时期的中国提供内在的思想资源,提供促进中国转型的思想动力。

中国近30年学术思想变革,最早是改革开放的人道主义、启蒙思想,后来是市场经济理论、经济学,随着社会发展的进一步加深,人们对制度方面——建立一种人道的、法治的、对权力有约束的政治——有了迫切需要,跟这个需要相关联,法学和政治学在这方面突显出来。

宋学鹏:20世纪90年代,国内从西方学界翻译过来很多法学和政治学著述,比如盛行一时的哈耶克、哈贝马斯、斯特劳斯的理论等,与之相比,现在您做的这个工作的差异性在哪里?

高全喜:随着法政思想在近一二十年的突显,国内翻译了大量的西方著述。从范围看,有英美的、德日的,甚至可以追溯到罗马的等,类型上包括理论上的、案例上的、法哲学上的。这些著作使我们对西方的法治文明,尤其是各个部门法的一些制度实践,甚至系统性的民法、宪法等有了很好的了解。

但国人基于一种本土意识,或基于一种社会需要从事富有创造力、原创性的作品却很缺乏。所以编这套书是想集中中国学人原创性的思想,以中国问题为主要导向,集中展示经过对西方政治法律制度研究之后,转化为中国人自己的学术思想。这个思想是能够对一种制度有系统的理论认识和体现内在精神诉求的,是系统的理论知识、价值诉求和精神底蕴相结合,而且又能直面中国现实问题的。

宋学鹏:文丛注重思想层面的追寻,我注意到已出版的书中,既有对西方宪政民主思想的研究,也有对中国近百年法学思想的整理,那么这套书在整体上想描述出一种怎样的“法政思想”面貌?

高全喜:我们在做的时候,遵循的思路是处理好“两个传统,一个原理”。既要处理西方的法治文明传统,又要接续中国3000年的政治文明或传统。无论中国传统还是西方传统,对于中国转型时期的建设,都是应该继承与发展的精神要素和理论要素。

通过处理好这两个传统,实际上探求的一个原理是,中国如何建立一个现代的政治与法律之道。这就使得我们转型时期建立现代政治与法律之道是续接传统的、审时度势的“厚”的理论。

我经常说自由主义有两种,一种是“厚”的自由主义,能够处理传统问题,另一种“薄”的自由主义只是把普世的价值拿过来。普世价值是必要的,但这些价值要和各自文明的传统结合起来才能扎根,才能被人接受。否则,普世价值和传统文明不兼容,或者不能创造性的转化，那么普世价值就是别人的，是他者。

所以这里面就有两个目标：一个是化敌为友，另一个是把传统激活。这也是这套书的追求：能够面对两个传统，从而寻求一个普遍的中国政治与法律之道。

法律永远能够给社会激情提供一条警戒线

宋学鹏：还有一个最直接的印象就是，这套书没采用人们平常所说的“政法”的提法，而是用了“法政”，这里面有什么特殊的含义吗？

高全喜：为什么叫“法政思想丛书”？我觉得在中国转型时期要把政治问题转化为法律问题。

新中国成立后，我们忽视了法律的建设，往往把社会问题转化为政治问题，这样使得权力没有得到约束，个人的理想很浪漫。理想主义为中国带来了很多灾难。比如“文革”，你不能说理想不好，但这种理想没有经过法律的约束就容易给社会带来一些灾难。

30 年改革开放，一方面建立市场经济，另一方面是建立法治社会。之所以定位为“法政”，就是中国社会的转型一个最重要的问题是处理好政治与法律的关系。社会的治理、公民的权利的保障甚至社会的安定、人民的福祉，这些都有赖于一个良好的法治秩序来加以支撑。如果光是人治那这些是不可能的，所以要把政治问题转化为法律问题。

宋学鹏：那是不是可以说，对于社会治理来说，法律是比政治更为优良的工具？

高全喜：也不能这样认为，并不是所有问题转化为法律问题就能解决的。当一个社会处在变革时期,还是需要政治的动力,比如当我们面临国与国之间的关系的时候,当我们的改革需要突破一些法条约束的时候,都需要能够调动“公民政治”的参与。

因为法律有时候是保守的,保守到最后就失去了一种重新唤起人们投入一个共同体的热情和美德。一个社会只是用法律去保障,人人为自己,有时候就会导致一个社会庸俗化、犬儒化,甚至导致共同体精神的丧失。

中国的变革,一方面就是要保障个人的自由、个人的权利,但是我们还看到由于我们处于改革时期,需要改革的动力。那么我们要呼呼公民的美德,人们投入社会变革的精神力量,这实际上是一种政治意志、政治激情,对政治共同体的一种追求。

所以政治与法律的关系,一方面,要把社会问题转化为法律问题,约束政治的僭越;另一方面,社会还是需要唤起人们的一种内在的激情的。我们需要一个人们广泛投入的政治秩序和氛围,建立一种文明的政治制度。但是我们又要通过法律防止这套制度过于激化、过于浪漫主义化、过于意志激情化以至于失去了理性和稳妥。也就是说,法律永远能够给社会激情提供一条警戒线。

法学的逻辑是首先把人当成人

宋学鹏:前面提到了“两个传统”,后面我想请您谈谈中国法政思想的传统。首先是“人的因素”,即人的现代性问题。近百年来或者从更早些时候,都一直有一个中国民众整体受教育水平低,中国宪政之路需要更好地提高民众政治素养的问题,您如何看待这个问题?

高全喜:我是反对这个看法的。从经济学的角度看是“仓廪足而知礼仪”,吃饱饭了就知道礼仪了。但对我们学习政治与法律的人来说,就不能对这个逻辑表示认同。甚至恰恰相反,人首先要把自己当成人,然后才有资格和权利去追求过一个人的生活,包括一个富足的物质生活。

法学的逻辑是首先把人当成人。人首先是一个有尊严、有权利的人,然后人才可以去追求财富和公益,这才是一个真正的人的生活。

所以,那种认为由于我们的传统以及教育还普遍较低,民主意识、权利意识还没达到一定水准,还需要启蒙,只有等到达到一定水准之后,才能从事法治方面、政治方面的建设的观点,我认为完全是一个错误的逻辑。

因为人的道德廉耻、正义不正义,这些都是人的最自然的情感,没有必要跟经济生活有什么关系,不需要启蒙。所以我不赞同启蒙论的这种说法。

人追求一种有尊严的生活,追求一种正义的生活,这些天然的情感也是建立一个法治社会最强大社会基础。就像英国人休谟和亚当·斯密也都认为这是人的天然的感情。

宋学鹏:同样是英国人的庄士敦——溥仪的老师,在他的《紫禁城的黄昏》里说过一句话:中国人的心智未开,共和意义不大。所以他主张中国实行君主立宪。

高全喜:这个是有一定道理的,但也不是绝对的。就像当时的立宪派张謇,我是比较赞同他的。他们觉得君主立宪在中国是代价最小的。要追求共和,可能代价会比较大。要废除一个王朝、一个君主以及它维系的整个贵族,社会变革的成本太大了。

但武昌首义之后，立宪派走向共和，这不能看作是他们的投机，他们是与时俱进。既然君主制已经被推翻了，就不要像康有为那样再去搞一个君主。康有为认为君主立宪制最好，然后还要反对共和制回到君主立宪，为了理念而投入社会无谓的斗争，这就有点顽固不化。立宪派审时度势，追求的是能够以最小的代价实现最大的价值。从这点看，他们是一以贯之的，不是强行逆历史潮流而动。

宋学鹏：您如何看待清末立宪派在宪政方面所做的工作及其所留下的遗产？

高全喜：我们在总结辛亥革命时，对从戊戌变法、十九条论纲，一直到晚清立宪和之后和平主义的清帝逊位这样一个传统的忽视，我觉得是不公平的。

在立宪派倡导下，通过社会各方面参与，最后清帝逊位，发布《清帝逊位诏书》。诏书中所包含的清室认同并禅让于中华之“共和立宪国体”，使一个传统的王朝帝国瓦解，完成了中国版的“光荣革命”。

而此前后，辛亥革命催生了《临时约法》。我认为《临时约法》的革命激进主义精神与《清帝逊位诏书》所蕴涵的妥协、和平的宪法精神，两者共同构成了中华民国第一共和国的宪法根基、立宪基础。

此外，《清帝逊位诏书》另一个重要之处在于，中华民国非常和平的继受了清帝国的疆域、人民以及所谓共同体的所有物资和精神财富，避免了边疆地区因为清帝国解体崩盘而落入列强之手，中国至今还享受着这笔财富。

宋学鹏：但中华民国成立以来一直处于“弱政府”状态，所以从《临时约法》开始，社会法治变革一直走在曲折的路上。如从军政、训政再到宪政。这种宪政路上的曲折和积弱状态给中国社会带来什么影响？

高全喜：从 1911 年到 1924 年，中华民国草创时期的十多年宪政活动有得有失。但因为当时只有《临时约法》，所以一直在追求一个真正的宪法，但这 10 年做得并不好，所以屡屡立宪屡屡失败。这 10 年做得不好就导致了后来的国民革命、大革命，包括五四新文化运动等一系列革命运动，然后“党国”出现，使得中国立宪共和的道路走向了另外一条道路。

如果这 10 年处理得比较好，有一个得到各派力量的妥协和人们认同的、稳定的、得到实施的宪法的话（虽然有一个《曹锟宪法》，但人们不认同），那么沿续着中华民国这样一个社会政治秩序走下去，中国将是另外一个样子。

但由于国际环境、国内的阶级斗争以及各派政治力量的自私与不成熟，尤其新兴资产阶级的不成熟，中华民国错过了立宪最好的 10 年，最终产生了党制国家的情形。这就和 1911 年的草创时期的中华民国本质上是不同的。

党制国家也确实凝聚了人民，缔造了一个共和国。但是我们也应当看到宪政的一些内容也付之阙如。所以近百年，中国从经济科技上来说已有很大的发展，但从政治上来说，没怎么发展。

超越中西之争完成自己的古今之变

宋学鹏：那么，与清季的立宪派和民国法学家相比，今天的法学人面临的语境有哪些不同？现在薪火传到当代这批学人手中，包括您在内的这批学者要做的工作都有哪些？

高全喜:最大的不同是,现代的法学人经历了两个共和国。民国时期的法学人经历的是王朝政治、帝制传统向现代政治的转变。他们面临的是如何处理一个王朝政治传统的千年未有之变局。

当代法学人经历了两个共和国这一百年的历史,经历了党与国家一体化这样的历史。所以,如何从党与国家一体化这样一种理论和实践中,演化出一个立宪民主的理论道路,这是当代学人面临的核心问题。

这两个共和国,一方面完成了国家的建立,而且都有一套缜密的、系统的党和国家的政治理论。此外,还有一种革命主义的内在精神。所以,如何从党与国家一体化转化成一个公民社会,促生个人权利保障、个人自由实现和国家的强大、主权的完整,相互统一、协调的和平主义精神,这都是摆在当代学人面前的问题。

可以说,"革命后"国家的转型,经济层面上社会主义市场经济解决了这个问题,而社会主义法治国家又开启了这个问题的法律与政治层面。

另外,面临的国际环境也大不一样,民国学人处在"二战"前的世界格局中,我们处在全球化的时代。全球化时代,主权越来越薄弱了。而西方在全球化时代的"去主权"倾向,是建立在他们有一个完整主权国家的政治与法律秩序保障基础上的。

中国在国际环境中面临着一个吊诡,面临着两难。一方面我们必须加入全球化的时代,不能脱离这个框架单独存在。经济、科技、贸易等都在和全球化的制度和机制价值观念想连接。

另一方面,我们还面临着 100 年没有建设好国家法律制度和政治制度的问题。我经常用"良制"(良好的制度)来说这个问题，即一个宪政民主的“良制”还没有完成。中国要建立具有自己特色的政治制度——所谓特色就是一个分享着普遍的价值，又具有着自己独特文明传统的、本土的法治宪政制度，还需要时间。

我们面临着全球化的背景和内在的任务，这和民国时期就完全不同的了。外部的国际因素是我们考虑的一个重要维度，但是我们目前首要任务还是完善自己的法律与政治制度的构建，这是中国法学人近一二十年的主要任务。

宋学鹏：所以，今天我们面对中西两个格局、古今两种资源时，对学人的要求就更高了。如何在古今中西这样四个维度上梳理好转型时期的思想资源？

高全喜：西方任何一个成熟的政治共同体都经历了“古今之变”。中国和他们最大的不同在于，我们在面临着“古今之变”的同时还面临着“中西之争”。

因为我们的“古今之变”不是我们自身生发出来的，某种意义上说，是西方列强用枪和炮打进来的。如果没有西方列强的进入，那中国是一个什么社会还难说，可能基本还是一个传统的文明社会在周而复始地运转。

中国是带着屈辱进入“古今之变”的，所以中国的民族主义的救亡和对强大国家的诉求，是有其一定的历史正当性的。

那么，我们在“古今之变”中如何理性地面对“中西之争”，既能够理解“中西之争”带给我们的损害，又能超越这些场域中的、历史中的悲情，化敌为友，促生一个更高的诉求。

我一向主张“古今之变”要高于、大于“中西之争”。我强调“古今之变”是根本，因为我们没有完成“古今之变”。所以能够超越“中西之争”完成自己的“古今之变”，这是中国当代的思想家应该具有的一个品质和胸怀。

宋学鹏:在您主编的“政治与法律思想论丛”和“法政思想文丛”两套丛书中,我注意到在前者的扉页上摘了《大学》里的话:“汤之《盘铭》曰:苟日新,日日新,又日新。《康诰》曰:作新民。《诗》曰:周虽旧邦,其命维新。是故,君子无所不用其极。”后者扉页上用了荷尔德林的诗句:“他应该成为一个公正的人,在他的天性力所能及的每一时刻去思考和创造。”引用这两句话有什么用意和关联?

高全喜:我觉得这两句话基本上是异曲同工。一个是从传统来开辟现代维新之道;荷尔德林的话呢,是说从公民个体自身生长出一种生命思想的激活、一种更生。

实际上,这两句话都在诉求一个富有鲜活的内在动力的政治与法律之道。活的、活生生的政治与法律之道,而不是一个死的研究文本。不是对中西方思想的化石的解剖,而是诉求,也就是维新嘛。总之,是诉求一种活的法治文明的精神。

从西方政治思想转入中国百年宪政史

高全喜　张绍欣

张绍欣:高老师,您好! 非常荣幸能得到与您对话的机会! 今天与您对话,主要还是想了解一下您的学术思想历程——特别是近些年来,您从研究西方的法学和政治学思想,拓展到了研究清末以来的中国宪政发展历史——可以说是从西学为主转向了中西汇通。这其中应该有很多因缘吧?

高全喜:你借用佛家的"因缘"这个词,倒是对我的心路历程有了比较精妙的概括。总体来说,就我个人所体会的心路历程也好,还是就你们外在观察的我的学术历程而言也好,很多事情都是随着年代的变化,波澜起伏,风景不断变化。你们从外边看,基本只看见我有很多精彩的亮点;但是其间真正的酸甜苦辣,也只有我自己有全面的体会。过去我回忆自己的往事比较少,但是2012年呢,我算是真正步入知天命之年,自己常常在私人角度回忆和总结个人的学术历程、心路历程……

张绍欣：说到“知天命”的年纪，听说前一段（2012 年 12 月）中国人民大学政治学系任剑涛教授组织你们一些“知天命”年纪的学者开了一个座谈会来纪念胡适先生？

高全喜：就是剑涛张罗，由《战略与管理》杂志社主办的“纪念胡适逝世五十周年学术讨论会”。剑涛和我，我们一些法政人呢都是 1962 年出生。而胡适先生恰恰是 1962 年去世。胡适先生毕生是为中国的自由民主和富强鞠躬尽瘁。今天我们这些中国法政人呢，还是在为着自由民主、宪政法治的理想而奔走呼告。所以说起来是有着很深的感慨在里头！按剑涛调侃的说法就是——“冥冥之中有天命在里头”！剑涛想组织个小型座谈会，专门找 1962 年出生的学者，既是纪念胡适先生，又是我们一帮 1962 年出生的学者们自己给自己庆生。1962 年出生的学者还找到不少，像清华法学院的许章润、北大历史学系的欧阳哲生、首都师范大学哲学系的陈明，还有搞经济学的陈志武等。

张绍欣：一晃胡适先生去世都 50 年了……我记得胡适先生的墓志铭是由他原先在北大的学生毛子水写的，其中概括胡适先生的事业，是说“为学术和文化的进步，为思想和言论的自由，为民族的尊荣，为人类的幸福而苦心焦思”。那个动荡的时代却有着那些为国为民而奔走奋斗的人，按杜甫的话说来就是“自古文章憎命达”——这个命乃是国命！

高全喜：这个讨论会的发起倡言就说：“1962 学人的出生与胡适先生的逝世或是一种偶然，但是 1962 学人与中国转型关联重大。1962 学人是大饥荒后（或当时）生育高峰期开始时的新生儿，他们在饥饿中出生，在“文革”中长大，又幸运地完成全部学业，如今正是处于思想学术创作的高峰期。以胡适先生逝世 50

周年为机缘,1962 年出生的学人,也就责无旁贷地需要回答胡适先生未竟其功的思想—学术问题,担当推动中国现代转型的重大责任。”

你刚才说主要想了解一下我怎么从研究西方思想转到研究中国的现代转型。从大的方面,从家国命运的方面来谈呢,“胡适讨论会”的这段发起倡言确实道出了我为什么回到中国问题的缘由和格局。但要说回来呢,至少对我来说,“回到中国问题”是不确切的,因为我始终在这里,在这片土地上——我这样一个 80 年代过来的人总是有一个中国的良好政治的关怀在魂牵梦绕着,我想胡适那一代知识分子所奋斗的、梦想的也不过如此吧！所以我过去单纯搞西学时也是始终抱着中国关怀的,或者说是基于中国关怀才搞西学的,只不过现在因势利导,直接对中国问题发言了。

我个人的学术思想历程,说起来挺为复杂和曲折的,所谓:知我者谓我心忧,不知我者谓我何求,悠悠苍天,此何人哉？为什么我要这样说呢？原因在我看来,有三个方面的,首先是人生历程,其次是知识结构,最后是价值诉求。

张绍欣:那我想详细听一下您这三方面的个人经验。

高全喜:也不是纯粹的私人经验,毕竟思想学术,特别是法政这一块,还是要讲究一个“公器”。所以我说的我的学术思想历程,应该说是带有我个人印记的“公器”的追寻。关于我的人生历程,我就拣相关的简单一说。

张绍欣:那好。我记得在您的简介中,您最早求学是在南京师范大学？2012 年春我去南京看同学,还特意去南师大、南京大学几个老校园看了,感觉这几个老校园很有些悠悠赤子的拳拳情怀！

高全喜：我1979年考入南京师范学院中文系，大学四年学的是文学，不过那时侯的文学不同于现在狭义的文学，实际上涵盖着几乎所有的文科。因为我国当时正处于拨乱反正的历史时期，学术思想界很类似欧洲18世纪的启蒙时期，人文主义的思想解放运动占据了主流。记得当时最先锋的引领思想前行的是西方哲学，以及诗歌和美术。我一旦思想开启，不期而然地就痴迷于思想的探索，对于哲学、艺术充满幻想，积极参加美术新潮，不满足文学，从文艺理论到美学，从美学到哲学，从哲学到西方浪漫派哲学，到德国古典哲学，到康德、黑格尔。后来考取了吉林大学哲学系的西方哲学研究生，再后来又提前一年考取了中国社会科学院哲学所贺麟先生的德国哲学博士研究生，1988年以研究《精神现象学》中的自我意识问题的论文获得博士学位。当时我是中国社会科学院最年轻的博士。

总体来说，我的求学生涯并不特别，甚至小有得意。转折点是1989年，先是思想上使我震撼，其次是我们社会科学院组织青年学者下基层锻炼，我到保定易县下去不到一个月就沉疴复发。后来就是治病养病。总之，从1990年到1998年，前后大致10年的时间，我退出了学界，除了参与一些美术界的活动外，基本上处于思想的封闭时期。虽然我的心没有死，但更多的是有关人性的神学和艺术思考，在知识上和兴趣上都与当时的社会变迁和思想潮流相隔绝。10年间，没有去过一次书店，没有读过一篇专业论文，没有参加过一次学术会议。英语和德语也几乎全部遗忘。可以说，那10年间中国思想领域中的吵吵嚷嚷，是非功过，我是一个局外人。

张绍欣：那您真正回归学术是1998年之后的事情了？

高全喜：对我个人来说，1989年是一个转折点，1998年又是一个转折点。1998年下半年我总算回到单位工作了,回来后我的学术道路该怎么走,这是一个重大的问题。说起来,我可以重新拾起西方哲学的研究,这是熟门老路,而且学有所承,只要认真读书,庶几可以成为一个哲学专家。我也可以继续我的艺术评论,一方面修身养性,另一方面琴棋书画,在美术圈里呼风唤雨,也不太难。但经过一个不眠之夜的认真而痛苦的思考,我毅然决然地决定走一条新的道路,一条我们这辈人文学者少有走通的道路,那就是重新学习,从零开始学习,进入政治学与法学的领域,探索中国的政制之道。

张绍欣:我觉得这条道路在中国真的是罕有人走,以前走过的一些人也往往被后人当作"前车之鉴"而提起。

许章润老师把清末以来的中国法学家分为五代,我觉得好像中国电影导演分一、二、三、四、五代一样。大致上,第一代是清末学习西方法治成长起来的沈家本、伍廷芳、王宠惠等人。第二代是北洋政府时代成长成名的程树德、张君劢、王世杰、钱端升、吴经熊、史尚宽等年龄差距较大的一大批人。第三代是南京国民政府时期出道的李浩培、倪征奥、王铁崖、蔡枢衡、杨兆龙这些人,到新中国成立后都成了等待改造的"旧法人员"了,而像王名扬先生,比上不足比下有余,被许老师归入了"三代半"。这代法学家中专门搞国际法的还好些,搞国内法和法理学的像东吴法学院最后一任院长杨兆龙这样的学者,晚景真的是凄惨无比!第四代法学家是萧蔚云和江平先生这一代或留苏或自培的"新法人员"了。第五代自然是1978年之后法学院系中主要靠自学成长起来的这辈人。①

① 许章润:"书生事业　无限江山——关于近世中国五代法学家及其志业的一个学术史研究",载许章润:《法学家的智慧》,清华大学出版社2004年版。

就第五代法学家来说,您也算比较异类了。您与许章润老师同岁,学术出道比他早,但您原本不是法律科班出身,到您1998年后真正涉足法政领域,差不多与第六代法学家同期了。可是您后来居上,没几年下来就与科班出身的第五代法学家比肩为伍了。而且,你还涵纳了政治学和人文研究在内的"法政研究"——自从1949年主流话语把原来的"法政"颠倒为"政法"之后,您也算第一个大张旗鼓公开正名的学者了!

高全喜:这就涉及知识结构了。从某种意义来说,我是我们这一代学人中最独特的一位学者,甚至是独此一人,其中的曲折也好、隐情也罢,都只有我自知了!我个人近来反躬自省,在写作和思考之余,不时有孤独之感!从1998年到2005年,对于我来说,可谓是学术上的"八年抗战",现在蓦然回首,不禁有脱胎换骨之叹。在此期间,我系统地学习了政治哲学、政治学、法学等非常专门的知识。特别是法学,属于一个独立的知识谱系,非常坚硬,我是从零开始的,从基本法学知识,到各种部门法概况,到法理学,到法学思想史,我大致完成了一个从本科到博士研究生的学习课程,虽然到今天我还不能说已经完全合格,但至少我具备了一个法律人所应该具有的学理知识。2005年我正式调入中国社会科学院法学所工作,也是为了能够进一步学习法学特别是宪法、法理、法制史等方面的知识。1998年到2005年的8年,通过学习与研究,我真切地感到,要研究中国的社会现实问题,探索政制之道,政治学、法学,乃至经济学,是十分必要的。从这个意义上说,十年沉疴对于我未尝不是件好事。如果没有这番磨难,我肯定不会重新学习像法学、政治学那样的新知识,这些新知识在我们年轻求学的时代还没有流行,当年那个时代还没有这样的需求,更不可能成为后来的显学。即便有很多人在后来的研究中涉及这些领域,但像我这样从头开始学习的可能不多。我曾经与朋友戏言,我又读了两个学位,完成了两篇博士论文,一篇是哈耶克的法学[1],另一篇是休谟的政治学[2]。也许它们都不是十分合格,但我确实是从头开始一步一步自己做出来的,初步完成了自己的知识转型,具备了研究政制问题的基本知识结构。

张绍欣:但是您这个重新学习的起点高!您是在已经具备文科研究素质的基础上,转型学习法政,所以从1998年到2005年不到10年时间,就出了哈耶克、休谟和黑格尔法政哲学的三本专著。

高全喜:在《休谟的政治哲学》的“后记”中,我有这样一段感慨,很多同辈的学者读来颇有同感,我写道:我这一辈成长于20世纪80年代乃至90年代的学人,有关哲学社会科学的研究路径,大多是从哲学认识论、逻辑学到道德伦理学,然后直接进入社会历史领域,相对说来,在知识结构方面缺乏一整套系统的法哲学与政治学的知识结构。因此,面对公共领域,在有关社会政治问题的发言时,且不说正义价值方面的判断,就是从知识结构方面来说,也难免出现偏差乃至失语状态。关于这个方面,有关休谟思想的研究就是一个很好的例证。到目前为止,国内对于休谟的研究不外乎两个领域,另一个是所谓纯哲学意义上的认识论与知识论领域,另一个是传统意义上的道德哲学领域,而有关休谟的政治哲学、法哲学乃至政治经济学以及历史哲学,都几乎处于空

---

① 高全喜:《法律秩序与自由正义——哈耶克的法律与宪政思想》,北京大学出版社2004年版。

② 高全喜:《休谟的政治哲学》,北京大学出版社2004年版。

白,但这些领域并不是休谟思想本身的空缺,而只是我们研究视阈的空缺。由于知识结构方面的空缺,自己对于休谟的理解以前也是非常狭隘的,好在经过那些年来的学科补习与知识转型,对休谟的研究使我领略了原先没看到的远为开阔和复杂的思想。在我看来,休谟的政治哲学不仅包括他的道德哲学,还包括他的法哲学、政体论和政治经济学。这种情况不独表现在休谟身上,实际上在我们对于洛克等人的研究方面也同样如此,由于研究者知识结构的缺陷所导致的研究主题的狭隘与偏颇,不能不说是我们这一辈学人需要反省的一个问题,对此我感受尤深！这部《休谟的政治哲学》可谓我在新的视野下学习、研究与反省的一个结果。

张绍欣:但是从过程上讲,您是研究哈耶克在先吧?

高全喜:具体说来,我是从 2000 年开始做哈耶克的法律与宪政思想研究,那时哈耶克已经成为中国的显学,不过我不满意对他的知识社会学的解读,我试图打开一条立足于法学的政治哲学研究路径。我感到,10 多年来中国现代社会政治和法律理论的研究存在着某种学术性的遮蔽,我们的大量学术研究所针对的中国问题,实际上存在着某些令人吃惊的误区。应该看到,处于变革时期的中国社会所面临的根本问题并不是现代西方社会所面临的问题,或者说,并不是所谓西方的现代性问题。从某种意义上来说,现代性对于我们中国的现实来说还十分遥远,我们尚处于哈贝马斯所说的前现代性社会。至于西方现代理论中所争论不休的很多政治与法律乃至经济的问题,其前提不但有一个学术上的历史背景,而且更为重要的是它们所关联的乃是一个已经较为完善的民主宪政制度,是在这样一个制度框架下的学术之争和理论之争。因此,把由此产生的众说纷纭的理论问题,直接搬到我们这个现代宪政制度尚处于缺席状态下的现实语境来说,实在是没有根基的,或者说导致了一系列的理论上的混乱和误区。相比之下,我感到较之其他的西方理论,哈耶克对于中国现实具有着某种实质性的关联。他所探讨的一系列问题,固然在西方语境中有着某种边缘性,而对于中国来说,反而呈现出某种对症下药的相关性。令人奇怪的是,那些触及中国立宪政治之根本问题的很多观点,并非哈耶克自己的主动所为,但却为我们理解与研究中国的现实提供了一种强有力的理论依据。

张绍欣:其实哈耶克和休谟研究,已经不仅仅是您的知识结构补课了,还是有着您的价值诉求在里面吧?

高全喜:应该说是基于家国命运关怀的价值旨趣。在研究了哈耶克之后,我并没有轻易地转向现代所谓学术热点问题的研究,而是向古典时期进一步探索,寻求现代自由主义的根源,我找到了休谟,对休谟政治哲学的研究耗费了我两年的时间,收获巨大。我的思想与20年前相比,也发生了一些重大的变化,随着对于社会政治问题研究的深入,自己有关政治的看法逐渐显示出古典自由主义的倾向。我之所以从研究哈耶克入手然后上溯到英国古典自由主义,其内心的一个主要想法就是彻底梳理一下西方政治思想中的古典自由主义谱系。这一点哈耶克曾有过明确的勾勒,并为我国的学术界广泛接受,但究竟这一谱系的内在逻辑如何,其所包含的思想内容是怎样的,又是如何演变的等,却很少有人做过细致深入的梳理工作。我在进入休谟思想的研究中感受到少有的压力和困惑,一方面要彻底搞通自由主义从古典到当代演变的复杂内容及其得失,另一方面又要参照自己处身的"中国问题"。我从来不把自己的研究视为一种与中国现实无关的所谓纯学术——这样的研究固然有其学术的价值,但它与研究一种品位技艺、一款明清家具有什么区别呢?所以,我总是想赋予自己的研究一种中国意义。当然,对于这样一个维度上的考虑又要避免另外一种倾向,那就是试图以所谓中国问题的主观之见来阐释对象以至于混淆了本来的面目,因此,如何使得休谟的研究具有中国语境下的意义,而又不失为一种学术性的研究,这其中"度"的把握确实使我踌躇彷徨。在我看来,研究休谟,搞清楚古典自由主义的内在问题,探索英国18世纪社会政治理论的逻辑,这一切都是为我们研究中国问题提供一种理论上的参照,我感到在时间上从哈耶克到休谟虽然是越走离我们越远,但从问题的相关性来说,却是离我们的中国问题越来越近。休谟与我们所面临的问题并不存在隔膜,我希望通过自己的研究能为我们重新看待中国问题,提供一种新的虽充满张力但仍具有着建设性意义的学术参照。

张绍欣:所以说您的西学研究从来就不是"为学术而学术",那么您近年来从西方法政思想转入中国近现代法政历史,实际上是不存在实质性转折的?

高全喜:也就是移步换景、水到渠成吧。

张绍欣:但是您在哈耶克和休谟之后,还研究了黑格尔政治哲学?

高全喜:当时是学习了5年的法学、政治学等,读了大批英美的理论著作,写了有关哈耶克与休谟的两部专著,我本可以沿着这个路径继续做英美方面的法政思想史。但我没有。为什么呢?我的内心一直有一个情结:德国问题——我觉得要解决中国问题,德国问题是我们的一个参照。

张绍欣：我个人觉得，德国，还有俄国和日本的现代国家建构，从制度史上讲对我们都是反面的例子；法国大革命路线虽然一直饱受批评，但法国的最终国家建构还是在惨痛的教训之后修得正果了。我个人还是觉得，理论思想与制度实践之间有巨大鸿沟，起码政治和法律的理论思想研究与制度史研究是有着错位的，在这一方面看来是值得追求的，在另一方面看来恰恰是反面教训。

高全喜：所以说像英国，真正的高明都是不著于文字的！关于黑格尔研究，我还有一个隐痛，我是贺麟先生的学生，可惜师门凋零，先生的事业谁人承继？上述原因使我重新回归德国思想，不过此时的我已非昨日的我，我感兴趣的已非纯哲学，而是德国的法权哲学。

我曾在《论相互承认的法权》"自序"中这样写道：我的专业是德国古典哲学，博士学位论文是有关黑格尔《精神现象学》的自我意识问题研究，然而愧对我的导师自昭先生[①]，自从 1988 年写完那部学位论文之后，由于诸多原因，自己的旨趣便不在黑格尔身上了。先是由于身染沉疴而游思于艺术，后来沉湎于基督神学，一过就是十余年，[②]至于 1998 年重新进入学术领域之后，又致力于英美政治与法律思想的研究，一直到 2003 年下半年写完《休谟的政治哲学》，自己的文字绝少涉及德国古典哲学，特别是黑格尔。之所以如此，固然有身体、旨趣等方面的原因，但思想价值的取向也是一个重要的因素，直到我的休谟研究结稿完成而重新拾起德国古典哲学，特别是写完《论相互承认的法权》这篇文章之

---

① 贺麟先生（1902～1992），字自昭。

② 高全喜在此期间出版的专著有：《转身的忧叹——神学与艺术文集》，燕山出版社 1995 年版。

后，我彷徨多年的内心才略感安宁，总算可以对仙逝多年的自昭师有所交代了。[1]

张绍欣：我看到您的《论相互承认的法权》不是单纯解读黑格尔，而是既谈黑格尔，又讨论科耶夫对黑格尔的解读，分析科耶夫解读中的各种利弊。并且这个工作延续到了接下来的《何种政治？谁之现代性？》一书。

高全喜：我当时讨论黑格尔也不是单纯为了研究黑格尔，而是与那几年国内学界盲目热衷于科耶夫和施米特等左右魔幻学者有关。《何种政治？谁之现代性？》[2]一书将现代性讨论最后上升回溯到洛克，跟我之前经由哈耶克回溯到休谟是同样的旨趣。所以《论相互承认的法权》和《何种政治？谁之现代性？》都是在纯粹理论研究之外，还希望廓清中国问题的理论视域，引导法政学界的研究和读书风气。

那几年的研究使我大致打通了一条从英美古典自由主义到德国古典自由主义的路径，这不但使我心中的一大疑难问题获得了解决，而且自己的所学也有了一种贯通。我发现英美思想与德国思想虽然在形态、气质、风格和论述等方面确实有很大的差别，但也并非像哈耶克等人所指出的那样截然对立，实际上在休谟、

① 高全喜早年研究黑格尔《精神现象学》的博士论文《自我意识论》，由上海学林出版社于1990年出版。2004年写作的长篇论文《论相互承认的法权——关于科耶夫〈现象学〉解读的批判性考察》与前述《自我意识论》，合并成为一本新书《论相互承认的法权——〈精神现象学〉研究两篇》，由北京大学出版社于2005年出版。

② 高全喜：《何种政治？谁之现代性？》，新星出版社2007年版。该书主体部分为三篇论文《科耶夫的主奴法权与英国的普通法心智》、《施特劳斯的现代性叙事与苏格兰启蒙思想》和《洛克的现代政治叙事及其对话者》。

斯密的古典自由主义和康德、黑格尔的古典自由主义之间并没有不可逾越的鸿沟。对我来说，研究英美思想和研究德国思想并不存在学术上的分裂，它们都是为解决中国问题探索一条理论的路径，或者说都具有着一个中国问题的语境，尽管哈耶克、休谟和黑格尔的思想理论是不同的，然而我对他们的问题意识却别无二致。在我看来，中国问题与德国问题有着很大的相似性，要解决这些问题，思想资源方面的一个理论前提应该是黑格尔的法哲学与康德的法权科学，所以，我更愿意把《论相互承认的法权》那本书视为一种问题之作，而不是学问之作。当时，兀立于我面前的是英美的古典自由主义和德国的古典哲学这两座看似对立的大山，而我要把它们调整在一个路径上，爬起来是相当艰难的，这一点我心中有数。然而，面对与德国问题相似的中国问题，这些大山又不得不爬，我为自己能够选择这份挑战性的工作并有所担当，而感到庆幸。

张绍欣：听您这一番话，发现您真的是与贺麟先生那一代人息息相通的！贺先生那个时代中的多数学者，做学问确实是有着一番抱负的，或者说有着一番关于中国命运的抱负的。今天说实话，像您这样为使命感所驱动的学者已经不多了；我们接触的师长，很多都是不知怎么回事就从事了学术这么一种职业，做一份教书育人的平淡工作而已。

高全喜：我也是出于自己的学术“狂妄”和顽强的精神，这些年来才支撑下来，自我转型搞了这么多！我除了知识转型，还有一个多年来一直思考的安身立命的问题。其实这个问题已经在我的研究中隐含着答案。这就涉及价值取向问题。我从没有想到要做一个纯粹的专家，如果这样，我病好以后完全可以做一个美术批评方面的专家，风花雪月，谈诗论画，这样的优雅人生，对于个人岂不更好？我做法政思想，是为了人间正道，为我自己寻求一个政制的正义性价值支撑。我选择自由主义，是认为它能给我这样的信念，宪政的政治制度是正义的制度，这是我的学术研究和我的认信感怀之所系。

张绍欣：是的，我在同辈年轻人中也算是经历风风雨雨，但是这么下来确实也看透了一些事，确实觉得法政研究最终都无法脱离立场和信念取舍，最终还是价值判断成就一个法政思考者。历史上或许真的有价值中立的法政思考者吧，或许就存在马基雅维利这么一个可以为各种主义所用的特例——但其实多少后人都说他不中立；韦伯好像被人们说得多么主张"价值中立"，但我觉得他只是在具体研究中中立，在人生态度取舍上还是有一个命运的抉择，就是您刚才提的德国式的自由主义。不过我看到您对当前中国的自由主义也有很多批评？

高全喜：我发现，当今中国的各种主义，除了主流政治意识形态之外，自由主义、新左派、国家主义、民主社会主义、文化保守主义，等等。尽管各自都有自己的理据，但也存在诸多的问题。持续这么多年所谓的自由主义与新左派之争是没有多少建设性意义的。前一派某些人的观点过于拘泥于个人权利和国家内政建设，而忽视了国家利益问题，特别是无视当今国际秩序中的国家问题，因此对于某些问题的看法就显得幼稚。后一派相反，由于忽视了国家制度的宪政民主价值，因此对于国家问题不是解构就是附庸，实际上也是误读了中国现时代的根本问题之所在。

令我痛心的是自由主义，我感到前一阶段的自由主义属于知识启蒙性质的自由主义,具有明显的教条主义色彩。他们过多地鼓吹自由、民主、人权、法治、宪政等标签,而忽视了自由主义的学理建构问题,他们没有看到自由主义也有一个国家问题,他们没有区分美国的自由民主宪政制度与美国的国家利益,那是不同的两个东西,我们追求民主自由并不等于认同美国的国家利益。另外,我们今天社会政治转型的首要任务是管好政府,探讨好政府是需要一套政府理论和国家理论的,不是单纯几个标签术语就能扼住政府咽喉的。我认为,中国应该走一条自己的自由主义的政治道路,它既是自由主义的,又是国家主义的,是自由的民族主义,至少在理论上,我们作为学者应该建设属于我们中国的自由主义的政治和法律理论,或法政哲学。因为我们是一个有着自己文明传统的政治与文化的共同体,中国不是美国,也不是欧洲,我们要有自己的理论,属于中国自己的自由主义。

总体上说,我一贯提倡"兼容并包",主张学界和舆论界的宽容,因为我的性格就是这样,也因为真正自由主义的态度就是这样。自由主义、国家主义、民主社会主义、文化保守主义,乃至健康的民族主义,能多包容一些就尽量多包容一些。

张绍欣:我曾听北大一位老师讲过宽容是统治者最大的美德——纯粹政治的逻辑本身就是紧张,政治思考本身就在思考恶的逻辑,惟其如此,一个统治者如果具有宽容的德性方显得与众不同。但是就我的目力所及,中国近现代史中没有哪个玩政治的人玩到了宽容的境界;还好我们有胡适先生这样一些温情脉脉的学者在学界和社会舆论中提倡容人的雅量。我觉得今天社会上,包括学界,心平气和、与人为善的君子心态已经非常稀缺——确实要多一些您这样的人出来引导风气!

上面这些谈的是您的价值取舍,都是思想方面的;但是我们知道您这十几年来主持了很多学术活动乃至社会活动。您是否可以简要回顾一下?

高全喜:我一直感到陷于空泛的教条之争是没有多少建设性意义的,至于各种个人恩怨,就对学术公器更没什么意义了。所以 15 年来,我很少参与各种热点论战,而是做事情,扎扎实实地做一些理论和学术的积累工作。最早是 2004 年我跟一批同仁创建《大国》,陆续出了 4 辑,后来因为知识界的思想纷攘和那几年"大国崛起"的虚假亢奋而停顿。到奥运之后,上海世界观察研究院有个学术研究规划同《大国》的一些想法可以结合起来做,于是我们就形成了一个新的学术研究平台,《大国》就改版成为《大观》一直做下来。此外,当年我还主编了一套《政治与法律思想论丛》,在北大出版社出的书,2004 年第一辑出版了 14 本中国学者的专著,2005 年又出版了第二辑 14 本。这套丛书的模式和理念也继续下来了,2007 年我在法律出版社主编了一个新的丛书《法政思想文丛》,4 年下来出版了 12 本书。

张绍欣:我的总结,您在社科院法学所的时代做的是《大国》和《政治与法律思想论丛》,前者面对一般知识思想界,后者面对法政专业界;2007 年您到北航法学院之后呢,《大国》改成《大观》,《政治与法律思想论丛》演变成《法政思想文丛》。

高全喜:2009 年,我还参与了人民日报出版社的《大国策》丛书,这也是面向公共读者群的普及读物。

张绍欣:我记得您在社科院法学所的那几年,您还曾经组织京城内各处研究西方法政思想的学者,先后在北大、人民大学、政法大学各校办系列巡回讲座，后来结集出了两本书。①

高全喜：第一本叫《西方法政哲学演讲录》，是我在人民大学和北京大学主持的系列课程的结集，主要是已经成名的学者的演讲；第二本叫《从古典思想到现代改制——关于哲学、政治与法律的讲演》，是我在政法大学“致知讲坛”主持开设的8篇讲演稿的扩展，也是此前在人大和北大法学院主持课程并结集出版的讲演录的继续。第二本在篇幅体量上有了很大的扩展，涵括了西方从古到今的法政思想的主要人物、思想流派和学术传统，大部分作者属于中国法政思想研究领域的青年精英，他们学科背景虽然在现有的学科体系下分属政治哲学、政治学、法理学、宪法学、民法学等不同专业，但对于法政思想的共同关切把他们联系在一起，这部讲演录几乎囊括了法政思想领域中现在三、四十岁这个年龄段的高手。

张绍欣：您的这些工作中，我觉得在法政学界内部正风气的首属《政治与法律思想论丛》和后来的《法政思想文丛》。

高全喜：《政治与法律思想论丛》两辑收录了海内外华语世界的原创性著作共28本，其中涉及政治学、公法学、中外政治思想史等多个领域，全部工作基本是我一个人来主持。记得我在第一辑出版时的学术讨论会中，谈了我为什么要主编这套丛书的想法。我认为之前10年国内出版界翻译类的各类译丛名目繁多，涉及政治、法律、哲学、社会多个领域，几乎每个出版社名下都有。这是一个可喜的现象，但欢喜之余又有些许悲哀，国

① 高全喜主编：《西方法政哲学演讲录》，中国人民大学出版社2007年版。高全喜主编：《从古典思想到现代改制——关于哲学、政治与法律的讲演》，法律出版社2008年版。

人自己的著作哪里去了？当时汉语学界，特别是国内的政治法律思想研究，经过改革开放20多年的理论学习和积累，特别是现实形势的迫切需要，我们有一些作者已经有了比较成熟和富有创见的思想研究成果，有些著作也很棒，但出版形式往往比较分散——这是当时出版界的一个实际情况。当时集中搞一个以政治与法律相结合为主题的系列丛书，有供需两面的基础。

《政治与法律思想论丛》将政治与法律联合在一起，理路和维度拓展了；但另一方面，就涉及政治与法律的学理关系问题了。一般来说，现代的社会政治理论，特别是以哈耶克为代表的政治自由主义，他们基本上有一个倾向，是把社会问题、政治问题转化为法律问题，所以强调法律规则，强调立宪、法治的重要性。我在《哈耶克的法律与宪政思想》一书中重点谈的便是这个从政治向法律问题的转换问题，现代自由主义，哈耶克、布坎南、弗里德曼等人都强调把社会政治、经济问题转换为法律问题加以解决，这是他们思想理论的一个要点，由此揭示了政治与法律关系的一个方面。当今中国面临的国家转型和宪政法治建设，我认为也应该继续吸收他们思想的这一合理内核。但是，政治与法律的关系还有另外一个方面，即把法律问题提升为政治问题，或者说，对于社会的政治、法律与经济问题，有很多单纯靠法律规则与法律制度是无法从根本上加以解决的，应该开辟出另外一个理论路径，其实宪法问题从来就不是一个单纯的法律问题，而是一个重大的政治问题，此外有关建设现代民族国家的诸多问题，也都存在着一个把法律转换为政治的问题。后来我研究西方政治思想中的德国这一脉，就发现在理论上存在着一个把法律问题提升到政治问题的维度；现代早期绝对主义国家兴起的时候，很多法律问题也转型为政治问题。因此这套丛书冠之为《政治与法律思想论丛》就不是权宜之计，也不是表面文章，它有学理的考虑——这套丛书希望在学理上实现法律与政治的二元互动关系。当然，如何把社会政治问题转换为法律问题，如何把法律问题转换为社会政治问题，涉及的面很广，问题很复杂，各位作者的观点和主张不可能完全一致，甚至相互对立，这些都没有什么关系；相反，不同理论之间的张力恰恰是这套论丛的期望所在，它只是提供一个平台，使政治与法律研究方面的不同思想在此有一个充分表达、沟通和论争的空间。

张绍欣：您这样一说，我就看出后来政治宪法学出场的某种端倪了。

高全喜：当然严格意义上政治宪法学①的出场，是2008年之后在法学界内部，我和陈端洪、翟小波、田飞龙一些人结合时局进行学理讨论而提出的方法论主张。讨论格局的形成也与林来梵教授2009年进京到清华法学院有直接关系。后来我和陈端洪在宪法学界内部，与林来梵教授的规范宪法学以及韩大元教授的宪法解释学，展开了三足鼎立的论战，高潮是2010年在人民大学法学院、北大法学院、清华法学院和北航法学院所做的多场讲演、对话和沙龙讨论。近几年我还数次到浙江大学法学院做了一系列有

---

① 政治宪法学作为一个学术派别出场的标志是陈端洪教授在《中外法学》2008年第4期发表的“论宪法作为国家的根本法与高级法”一文。关于中国政治宪法学兴起与嬗变的详情，可以参看高全喜的论文“政治宪法学的兴起与嬗变”，载《交大法学》2012年第1期；更详细的理论和背景可以参看田飞龙的博士学位论文“政治宪政主义——中国宪政转型的另一种进路”，北京大学2012年博士学位论文。

关政治宪法学的内容、方法及其中国主题的讲演。

张绍欣:我个人觉得,按照当时的势头,如果能把三种宪法学路径的讨论限制在法学圈子内部再讨论一段时期,对于中国宪法学的成长会更有益。虽说法政学科最终都要问立场归属,但是终极的立场归属毕竟不能直接取消现代国家法本身的学理逻辑和规范论证。后来公共舆论的争论过早地介入宪法学内部的学术讨论,对宪法学本身只怕有捧杀之嫌。像20世纪30年代,日本向华北的猖狂渗透和国民政府在华北的软弱无力,使得钱端升先生在平津待不下去,只能去南京中央大学任教,正常的法政研讨根本就谈不上,这种刺激使他发出"宪法乃不急之务"的主张,以民族存亡为第一要紧的事,向训政低头。当年像钱先生这样退回训政的有一批学者,因为要应对日本啊,这实在是外来因素扼杀法政学术建设的一次教训。今天虽然没有重大的外来威胁,但我认为宪法学也不应该让法政专业之外的热闹牵着鼻子走。所以我觉得您几头并进做事的方法真是妙,《政治与法律思想论丛》和《法政思想文丛》属于内层要受保护的专业,《大国》、《大观》和法政讲演录属于中层公共知识领域的风气引导,《大国策》丛书则是外层广大舆论中的参与。

高全喜:所有这几个层次的事情,我都是在关注中国命运,只不过层次不同,这种关注或隐或显。《政治与法律思想论丛》和《法政思想文丛》中的"中国问题"都是深层次的问题,或者说是深层次的背景。我国的社会政治与法律制度的建设迫切需要理论家们的问题意识,需要我们自己的法政理论研究、理论方案或者理论创建。这里大致有几个方面。首先是制度建设,它面临着政治民主、混合政体与现代民族国家两个层面问题要解决,但它们之间又不是同步的,一方面中国现时代的中心问题是要建立一个社会主义的民主共和或者混合的立宪政体,但另一方面中国还需要完成从王朝政治向现代民族国家的转型,这两大任务在20世纪都还没有完成,它们之间存在矛盾和冲突。其次,在上述两大任务之下,还凸显出另外两个主题,即个体的自由和权利与国家利益、民族复兴的关系问题,这里有两条线,一个是诉诸于正义的法律保障的个人主义维权的路线,另一个是寻求国家利益、民族共同体在世界体系中何以立足与发展以及合法性的路线。与此相关,就可能出现国际问题和国内问题的两难悖论,于是出现了所谓的自由主义与新左派的争论,近期又出现了新民本主义以及国家主义,还出现了保守主义。关于政治认同问题,我主张政治保守主义,主张自由个体的历史和民主认同,只有这样的认同才是正常的现代民族认同。我们以前谈文化认同、文化保守主义,但政治认同,或者说中国的自由民主的现代民族国家建设,才是近百年中国问题的核心问题。所谓中国问题,我认为类似德国问题,但也要吸取德国的教训;普通法的宪政主义作为一种理论资源是好的,我们十分需要,但我们没有英美国家那样的幸运。

基于这些考量,《政治与法律思想论丛》和《法政思想文丛》试图展示两种资源和一个原理,具体说来,就是使论丛在思想研究的路径上基本包含以下三方面的内容:(1)西方古典和现代政治与法律思想的研究;(2)中国古典和现代政治与法律思想的研究,它们是从理论上解决中国问题的两个不可或缺的资源;(3)一般政治学和法律学的原理研究或创新,通过东西方现代和古典思想资源的讨论研究,寻找一个符合中国国情的一般法政原理,为中国的实践提供理论基础——我想这也是每一个法政学者的内在愿望。我也不主张这两套书就形成一个原理，每个作者都有每个作者的原理，论丛只是提供一个平台，大家都想追求一个适合中国国情的一般原理，这个原理到底在哪里？需要各自结合中国的现实去寻找。“周虽旧邦，其命维新”——我崇尚哈耶克的“自生秩序”，社会如此，学术理论也是如此。我们是学者，不是鼓动家，学者拿出的东西就是文章、专著，比说其他的废话更实在，更符合我们本性。

在组织《法政思想文丛》出版工作的同时，我自己走出学习西方理论家的阶段，开始直接针对中国的法政问题写了几篇长论文，《论民族主义》、《论国家利益》、《论政治社会》、《论宪法政治》，后来结集成《现代政制五论》出版，也算是我从事政治宪法学的开端。

张绍欣：您是 2007 年年底到北航法学院并参与北航法学院的建设，那一年北航、浙大、上海交大三所理工科大学的法学院扩张改组开始崛起，改变了中国法学教育的格局；2008 年北京奥运那年中国的国内外形势都有大变，北京学术界的面貌也完全变化，法学圈内政治宪法学开始酝酿；那两年北京和上海的高校开始大规模组建跨学科的文科高研院，2009 年您也开始筹办北航高研院。那几年真是风起云涌，很难想象您要同时应对这么多的事情！

高全喜：最近几年中国的情况一年一变，甚至一年三变，三年就是一大变，三年后什么情况，今天哪里说得清。历史的潮流风起云涌，不禁让人产生“其兴也勃焉，其亡也忽焉”的梦幻感！百多年前，甲午一战，戊戌变法，庚子事变，十年不到的功夫，搞得国不像国、家不像家；沉沦百年后的今天，中国在经济上、军事上大国崛起，可是政治上依然裹足不前，社会上民生何可艰！大国崛起抑或大国沉沦，老子说“治大国若烹小鲜”，就看这小鲜怎么烹了！

张绍欣：那么，您办《大国》，到现在的《大观》，也是有这种历史兴衰感的关怀吧？

高全喜：说实在的，编辑《大国》，如履薄冰。何谓大国？是否大国？大国与强国，大国与政制，大国的道路，立宪的困境，一个民族政治成熟的决断，千百年来未有之变局，和平崛起的一厢情愿，新帝国主义的强权，等等。诸多问题纷至沓来，小小的《大国》何以承载的了？所谓的“大国”，只能是中华政治共同体目前的一种动态的描述，其所蕴涵的多层意义有待开放性的辨析来厘定。

李泽厚早就指出，现时代是一个学术凸显、思想淡出的时代。这个判断背后隐含有三种预设：一是学术与思想两相对立，并且思想自认为比学术高明；二是学术与思想两相对立，但是学术自认为比思想高明；此外，还有一种预设，即学术与思想的相互融会贯通，脱离思想的学术只是些雕虫小技，无学术累积的思想无异于浮夸干瘪之论。我推动《大国》的立意在于第三种预设，它不拘泥于细节末枝、学科分类，旨在瞄准中国现时代所面临的一系列重大问题，以战略性、历史性与人文性为基调，为言说者提供一个多元开放的公共平台，建设性地勾勒富有内容的宏大叙事，涉及政治、经济、文化、历史、制度、观念等多个领域。

张绍欣：《大国》和《大观》对于学科细化、分化后的工具理性模式，有一个多元的和公共的弥合，而且突出了现时代的中国命运。政治宪法学是在法学专业内关注现时代的中国命运，《大国》和《大观》是在公共的知识思想界整合探讨现时代的中国命运。

高全喜：我认为，建设真正意义上的现代国家，是我们当今的时代主题，也是现代中国的历史主题，因为从新旧两个政治传统来看，有关现代国家的理论与实践都远没有完成，甚至还只是刚刚开始。现代国家涉及国家的主权、政体、公民权利与自由、法治、民主与宪政，以及公共德性等多方面的内容，伴随着中国经济规模跃升世界第二，并超过日本成为东亚重心，我们已经用尽了已有的制度资源，宪政民主的现代国家建设是今后的必由之路。一个强大的宪政国家，加上公民自由权利的充分保障，再加上一个繁荣的市场经济社会，这些是现时代的中国国家建设的主题，也是我们为之奋斗的内政目标。因此，如何从民主大势与世界政治的双重角度考察中国所面临的国内与国际的问题，清醒地意识到我们所面对的两难困境，审慎、周密地提出一个构建现代国家的内政外交的法政哲学，是我们的头等大事。我认为，在内政方面，我们需要一种“自由的国家主义”哲学，而在外交方面，我们则需要一种“现实的自由主义”哲学。前者是我们克服片面的个人主义和同样片面的威权主义的有效途径，后者在时下中日关系和台湾问题的彰显之下更为突出和尖锐。

张绍欣：在我看来，《大国》和《大观》在思考国家命运之外，更重要的是提携了一大批年轻人。

高全喜：不只是这一件事，之前在北京各高校办法政系列讲演，还有其他很多事情，一以贯之的一个宗旨就是提携帮助年轻的学者。我始终认为法政理论属于一种现实的技艺，而不是象牙之塔里的孤独沉思，也不是某些所谓大师的隐秘的教诲，它需要转换成公共的意见。特别是对于中国这样一个言路闭塞的国度，需要建设性的公共舆论，需要全民参与的民主议事，由此促进中国的改革。这一切都需要年轻人,他们是希望,虽然他们不成熟,但他们在学习,在成长,应该为他们提供发言的途径。只有年轻人对未来感觉有希望,这个国家和社会才有希望。政治是一门专门的技艺,但是民主政治时代的公共舆论并不诉求绝对的观点正确,它呼唤的是宽容和良知。所以发言的途径、方式尽可以多种多样,提携年轻人更应该不拘于形式——专业的论文论著是一种方式,演讲研讨也是一种方式,个人性的随笔、散论、评说或札记,聚焦热点问题,阐发一己独见,尖锐坦直,意气风发,富有洞察力和内蕴的激情,受众更加广大,于国于民,于人于己,都是好事。

张绍欣:我再一次感受到您的兼容并包的!我发现您的很多主张,都是折中损益,力求平和包容,像刚才您提的“自由的国家主义”、“现实的自由主义”,还有立宪行动就是“革命的反革命”,还有针对古今中西之争提出的“古典的现代”等。

高全喜:我确实是力求中庸之道,像“光荣革命”中保守复古与变革之间的通达,所以“光荣革命”是一种中庸式的变通,是从“非常政治”转换到“日常政治”——英美道路中不著于文字的智慧和技艺就在这里。我想中国“汤武革命”要从中引出一种好的政治原则,也应该作一种中庸式的解释,这才能展示出“极高明而道中庸”的精华。辛亥革命百年纪念时,我除了参加研讨会提供几篇学术论文外,还写作了《宪政时刻:论〈清帝逊位诏书〉》[1]那本小书,立意确实在这里——不是希望去辩驳历史中人物的功过

---

① 高全喜:《宪政时刻:论〈清帝逊位诏书〉》,广西师范大学出版社2011年版。该书台湾版由秀威出版社于2012年出版。

是非,因为历史中很多关键时刻的转换都是以一套说辞勉强为之。我是希望后人对我们百年宪政史中关键时刻的解释能提供一种兼容性和生成性的创造机制,看看能否为中国未来的宪政道路选择提供更大的空间和资源,能为未来的法政实践开出一种新局面。

张绍欣:据我所知,英国"光荣革命"本来是因为宗教问题引发的一次不流血政变,詹姆斯二世国王被迫逃亡,英格兰议会就硬是解释为他自动放弃王位,才让威廉和玛丽所谓"合法"地继承王位。但其实詹姆士二世至死仍自称为英格兰、苏格兰、爱尔兰三国国王,在当时法国国王的支持下搞起流亡小朝廷,一直在英伦三岛煽动叛乱试图复辟。这个流亡朝廷在法国延续好几代,被称为詹姆士党,一直到拿破仑战争时代因为流亡君主绝嗣而衰落。可以说,"光荣革命"之后,英国王位实际上存在争议有一百多年,英国新政体面对叛乱和颠覆有一百多年;但在史书上,史学家不过是根据后来的既成事实追认1688年"光荣革命"的正统地位。反过来,在宪政史上,基于历史大势,我们用一套说辞来论证"光荣革命"在法律上的合法性——这确实是一种宪政的技艺。您是尝试将这种技艺应用于百年中国宪政史的解释。

高全喜:所以说百年中国宪政史有很多值得挖掘和重新解释的地方,甲午战争连同马关条约,戊戌变法,庚子事变连同后来的清末新政,北洋政府时代的数次立宪活动,北洋政府到南京国民政府的法统转换,南京国民政府与中华苏维埃政府的"一国两制","旧政协"与"新政协",国民党的1947年行宪和我们的1949年《共同纲领》,等等。1949年之后的就不细说了。未来中国要从"非常政治"到"日常政治"进行宪政转型,要建设自由民主的现代民族国家,要处理两岸四地的整合,要应对中日、中美关系,前边那些历史关键点的法理解释,是能够提供很多资源和思路的。

张绍欣:从《现代政制五论》到《从非常政治到日常政治》再到《宪政时刻》,还有您最近的论文和谈话录,我看到了您重新解释百年中国宪政史的步骤。但是另一方面,近年来伴随着"国学热"和文化保守主义的兴盛,古代的传统又步入讨论的空间,我看到您有"古典的现代"的提法?

高全喜:说到文化保守主义,我自己是一个保守的自由主义者。像许多保守的自由主义者一样,我对于自己的文化传统充满敬意,所谓保守,并不是去守护英国的传统或法国的传统,中国的保守自由主义只能守护中国自己的文化传统。时下很多所谓的保守自由主义却在守护西方文化的传统,反对自己的文化传统,我感到可笑,又是教条主义。

我自己20年前曾经写过一本有关中国儒家的书①,虽然学理上粗浅,但情感上是认同的,尽管我也有过一段时间的基督神学的思想历程,但今天对于中国的传统文化我是景仰多于批判。传统最温情最可爱;但是纯粹古典的东西已经不可能了,纯粹的像与世隔绝的风景没有人欣赏,在那里生活的人很痛苦。但是完全现代的东西,完全西方式的物质财富和制度设计,又无法挽回我们失魂落魄的心灵。从我们的生活,从人类的情感来说,要回到人性,我们最后总要对这种自己过了一辈子的经历,有一种回味

① 高全喜:《理心之间——朱熹与陆象山的理学》,北京三联书店1992年简体版,台湾锦绣出版社1992年繁体版。

无穷的东西才行。如何协调我内心深处的思想张力，那是我现在致力于解决的问题，这是我提出“古典的现代”的初衷。

在古今大变局之下，长期以来，在近现代中国占主导的是一个激进主义的现代性模式。在百年来国人所熟悉的“革命”式话语诉说中，今与古、新与旧往往势不两立，不可调和，古与今、旧与新之间的嬗变往往诉诸于绝对的否定原则。应该指出，这个现代性对于中国人来说并非完全自发，而是渐被激发。我们的数次变法与新中国成立，其发生机制、社会基础、内在精神、思想观念和价值体系，无不受到西方激进主义的重大影响。中国近现代的知识精英和政治精英，在一些关键的历史时刻选择了源出于西方的激进主义现代性道路，从而决定了百年中国的社会走向，以致未能拓展出一条更为健康理性和清明的道路。我们不禁要问，为什么中国人对这样一种激进的整体变革方式情有独钟呢？为什么忽略了那些在最平常之处却最值得温情的东西呢？

张绍欣：那么您提出“古典的现代”不单是一种法政领域对古今中心之争的化解，还关乎到生活中的人性，关乎到个人的身心安顿。照搬一下您从“非常政治”到“日常政治”的提法，这可以算得上是从“非常生活”到“日常生活”了？

高全喜：不单是我们的大国政治和社会生活，我还希望中国知识分子对自身的心态性格有一种反思。近现代一百多年，在内忧外患之下，中国知识分子养成了缺乏通融权变的心态和性格。因为缺乏通融权变和包容心态，我们的知识精英和政治精英总是抱有整体性思维，总是过度关注宏观的主义叙事，总是希求大破大立、希求“毕其功于一役”，从而总是以对抗性思维割裂古今，也忽视了生活本身所能给予我们的温情和希望。这方面，胡适的一生，新的文化道德思想与“旧中有新”的传统事物之间水乳交融，某种意义上来说，是五千年传统文化在现代到当今生活中给我们展示的一个最有温情、最有价值的东西。胡适去世的时候，蒋介石特意写下一副挽联以示哀悼：“新文化中旧道德的楷模，旧伦理中新思想的师表”。我认为，这句挽联确实展示了胡适一生经历中对于古今中西之争折中损益的高明之处，胡适没有去鼓吹宣讲，但他在自己的生活实践中贯彻了我们传统的“中庸”之道，这是胡适高明的地方，也是我们传统中高明的地方。

张绍欣：所以说，您希望我们的未来能够在“古今中西”之间进行折中损益？

高全喜：“周虽旧邦，其命维新。”中国传统本身所特有的生命力就在于旧中出新，新中有旧，由“变通”而出新。真正的“新”是从“旧”中像蛹化蝴蝶般地蜕变出来。所以，就“中国问题”而言，今与古、新与旧之间是你中有我、我中有你，“旧”的生命力在于开新，“新”的生命逻辑在于某种程度上的“复古”。

当今中国的文化保守主义在相当程度上存在着一个致命的错误，就是如何对待政治问题，文化保守主义不等于政治复古主义。在古典中国与现代中国之间确实有重大的断裂，确实需要一场涤荡旧世界的革命，祛除旧制度旧法统的污泥浊水，而那些依附于传统王朝的旧世界的礼俗制度、法律文化、生活方式、道德观念等，要转变为现代性中国之建设性的力量，并不能完全从传统自身开辟出来。这其中确有一根西方世界现代性的拐杖在起作用，完全忽略西方对中国现代性的激发既不客观也不现实。中国的文化保守主义在政治上要寻求创造性的转换，要在政治和法律制度方面大量吸收自由主义，用政治自由主义的骨架安顿中国传统文化的身心，否则，就是泥古不化，就脱离了我们传统中真正的生命力。

好的现代性应该是一种守护，它所构建的生活方式及其背后的现代性价值，应该向传统敞开。这种向传统敞开的现代性并不是以旧有的纲常法统为依归，而是以现代变革所构建的新的现代性制度及其生活价值为依归，其对待传统的态度是对话、吸纳和融汇，追求古今之会通。就我们这一百多年的经验教训来说，我们要对现代性的“新”给予褒扬，颂其光荣，但更关键的是要对传统加以安顿，由此来抵消激进主义的戾气和虚无主义。只有从这样的逻辑出发探讨中国百余年的政治变迁和社会文化之生长，才能得到真正理性而健康甚至富有光荣气质的中国现代性的解读。古典的现代性是一种克服现代性并且存续着传统的现代性景观，是一种试图化解古今中西之对立格局的，属于现代中国人的现代性景观。

理解当代中国政治

高全喜　唐丹尼*

唐丹尼：高教授，您是中国当今著名的政治学者，可否请您介绍一下自己的事业和经验，为什么对政治研究感兴趣呢？

高全喜：我们这一代基本上属于"文革"后第一拨考上大学的读书人。与现在的年轻人不一样，我们在相当长的一段时期内看不到任何进入大学的希望。我们中的很多人经历丰富，参与文革，上山下乡，最后考上了大学。因为有了这段独特的人身经历，我们在进入大学之后的读书、思考，甚至专业选择，就不只是单纯考虑将来的就业，而是具有某种特别的历史使命感和抱负，即反思当代中国社会的问题与出路。在20年前的中国，也就是改革开放刚开始的20世纪80年代，中国的知识分子大多是文史哲之

---

* 唐丹尼，英文名Daniel Townsend，2010年毕业于美国耶鲁大学，修读伦理学、政治学和经济学，现在南京大学研习中国当代政治思想。

类的学者，我们对中国的政治、经济、社会、文化等诸多问题的思考，主要跟当时的思想解放、个人意识的觉醒以及西方传来的很多新观念的刺激有关。

后来随着中国社会变革的进一步深化，尤其是1989年中国经历了一番曲折和震荡之后，某种意义上来说导致中国学术界以及知识分子产生了分化：一部人从启蒙思想、人的觉醒和走向文明世界的接轨中分化出来，进入到纯学问即研究各种具体的知识本身，甚至是进入到中国传统的文学、历史、哲学中的国故纸堆中去了；还有一部分人则更加关注于具体的社会变革，而社会变革就和社会科学——政治、经济、法律这些专门的社会科学相关。这个过程中总的特征就是“思想淡出，学问凸显”。于是，社会科学就成为知识分子关注的主题和主要研究方向，虽然其中不无矛盾，但也的确呈现出逐渐多元化的趋势。例如，由于中国持续的经济改革努力，经济学在这过程中曾经繁荣了一、二十年。随着经济的快速发展，中国的社会变革、法律制度的变革乃至政治体制变革，就提到了议事日程上。如果从这个趋势看最近10年以及未来的20年，政治学、法学等社会科学可能变成备受瞩目的学科。

概而言之，1989年之后，由于现实的政治环境问题，思想淡出，学问凸显，有一部分人沉溺于国故，另一部分人专门作为专家研究这些经济学、政治学和法学。当然，这方面的深入也能够成就专家，造就一些专业人才，从事这些研究的知识分子也的确成了专家、专业人才。中国的社会变革一方面当然需要这方面的专家，如经济学家、法学家、社会学家，但是另一方面我总感觉单是政治学家、法学家这些专业知识上的精英是不够的，中国更需要的是思想家，需要那种在改革开放初期，投入极大精力、关怀国家民族命运的思想精英。所以我认为政治学、法学的专业知识与思想的结合才是未来中国的方向。因为之前我们所有的只是一种人文的、历史的以及哲学的思想情怀，缺乏制度变革的知识储备，而过去20年的学科体制造就了一大批专业知识人才，但却没有伟大的思想和精神。我们知道，西方在文艺复兴时期、启蒙时期甚至19世纪产生了很多大思想家，他们对于西方现代社会的构建具有奠基性的意义。

当然，由于时代与社会的呼唤，当今中国也开始涌现出一些这样的学者和知识分子，你访谈的几位自由派人物都属于这个谱系，他们与那些大学里的行政法学家、民法学家、经济学家迥然不同，与那些只是对文科大学生们掉中西书袋的所谓“大师”也大异其趣，他们关注中国的历史与现实命运，不仅具有各种专业知识，同时还具有普世性的思想。总的来说，像我们这一代人，岁数上下相差五、六岁，大致在五、六十岁之间，从“文革”后期走过来，经过改革开放30年的磨炼，经历了一个中国式的思想启蒙与改革开放的制度转型，具备了政治、经济、法律等现代社会科学的专业知识储备，目前正在进入一种知识、思想与制度实践的融汇阶段，你接触的相当一批知识分子，我想大概都或多或少地处于这样一个人生的第三时期。

我自己的人生与思想经历也与此相类似，最初对文史哲之类的思想观念感兴趣，最初的研究领域是德国哲学和黑格尔的现象学，后来则逐渐转向法学、政治学，现在所关注的主要是中国社会改革中面临的一些更加宏观的、制度上的以及价值取向上的问题，具体地说，也就是宪政、自由、民主这些基本框架方面的理论与实践问题。在我看来,中国当今的社会转型,与西方过去将近300年来的现代转型,具有着对应性的关系,我们必须解决这些基本的价值与制度是如何发生的,搞清楚它们的机理,才能解决它们与中国本土之间的关系,这就需要我们深入研究西方的历史和中国的历史。一个宪政民主制度不是从天上掉下来的,也不是用几句口号就可以喊出来的。我们要梳理出乃至打通它们与中国现代社会转型之间的通道,我相信这条沟通中西政制之间的历史道路才是当今中国的人间正道。我还想强调的是,对这些问题的关注,并不是单单是哪一个人,而是一批人,虽然不很多,我想你接触的很多人,都在致力于这方面的思考。

唐丹尼:在当下的舆论环境下,知识分子应该如何向人民公开他们的观点,怎样做才是正确的途径?

高全喜:就我的理解而言,这就是一个公民社会中知识分子的使命和责任问题了。目前在中国,公民社会的发展虽然还不是很强大,但也是不可阻挡的。首先,因为除了传统媒体即新闻报纸,最近这些年非传统的传媒如互联网、Twitter、微博等已经在迅猛发展,使得各种信息的传播和交流十分迅捷。各种各样的维权运动、非政府组织的活动,在这个信息社会的条件下,它们所做的事情、所传播的观念,以及对社会的影响的广泛度,要比现在受到管制的媒体——传统的广播、电视、报纸——的影响大得多。这一技术的发展使中国在事实上拥有了一个日益发展壮大的公民社会。新闻媒体尽管受到严格监管,但实际上也不是铁板一块。大家可以看到有所谓党政系统的主流媒体,也有南方报系,以各种各样的南方报纸杂志为代表,还有管理不是特别严格的地方报纸,以及其他一些传媒形式,他们都是在利用各种各样的可能、技术、做法和智慧去传播这些真实的信息和自由的思想与立场。

其次,从某种意义上来说,人的观念、思想的变化并不是抽象的观念互动的产物。中国社会这30年来的变化,已经使每个中国人在实实在在的生活中都感受到了一些最基本的理念、观念、思想的存在,它们已经不需要去刻意地传播、扩散了。也就是说,中国人对世界的认识、自我的体认已经很广泛和深刻了。无论是出国旅游、对外交往,还是通过阅读思考,甚至包括生活中所感受到各种各样的事情,都在使人们的观念、思维发生着深刻的改变。我们早已不是一个封闭的社会体系,中国的经济社会一直是非常开放的。不一定是中国人走出去,也有外国人走进来,中西双方的交流就发生在我们的实际生活周围。你看在北京、上海、深圳这些大城市,你哪里感受到这样的限制和差别,特别是年轻一代,观念更为国际化、现代化。所以这种现实的生活本身,尤其是经济生活——消费、饮食、电影以及语言、观念,这都是广泛的相互渗透、相互影响。因此,中国在这样一个非常开放的社会状态下,很多观念不需要去传播,不需要别人去启蒙。相当一部分的民众,至少占20%,他们已经自然而然地接受了。20%的中国人就是数亿人,这样一个群体已经具有并共享一些现代的观念和价值。

所以,我觉得关键不是如何去传播一些观念,不是教授、知识分子、自由派去传播什么价值。他们的作用不在于去传播什么观念,或者说老百姓并不知道也没有兴趣知道的一些所谓的新东西。我认为,知识分子最主要的作用体现在两方面:一方面是能够找到社会变革的制度性的路径,因为大家都有观念,但是又都感到中国社会制度方面多年来并没有多少重大的改变,而从观念到制度的变革是不是有一些主要的路径、一些方法？老百姓当然不可能去思考这个问题，而这正是知识分子的任务和责任。知识分子要做的不是单纯传播观念，而是寻求制度变革的道路，即如何从观念过渡到、深入到一个广泛的社会制度变革，知识分子有责任去做系统性的研究，提出一定的路线图。

另一方面，我们必须注意，当前中国这个多元社会，既是中国与西方的遭遇中激发出来的，又是传统和现代的结合，知识分子应该更多地思考中国的传统社会和现代社会，以及西方文明和中国社会之间的一些复杂关系。在改革开放之初，我们普遍认为西方的一些基本观念是好的，但是现在发现西方的另一些观念也存在内在的紧张与矛盾，如自由民主的宪政秩序背后也隐含着全球霸权，隐含着西方极力维护的民族国家利益。也就是说，西方有两层皮，有好的方面——对内民主法治，也有不好的地方——对外也有强权甚至霸权。就拿美国来说，全世界为它的生活方式买单，这不能简单从道德上说是好还是坏，从来没有单独抽象的好和坏，它都有复杂性，知识分子则应该将这种复杂性呈现给民众。这是就中国和西方的关系而言。至于中国传统，问题也是一样的。以前自由派总是说传统不好，但是传统中也有很多好的东西，如中国的礼仪制度、艺术、国粹等，这些都是很好的东西。

因此，知识分子就有两个任务。第一就是寻找制度变革的道路；因为目前中国的观念传播已经不是问题，老百姓已经都普遍接受了，现在是要探索制度上的突破路径。第二是告诉民众无论对于传统还是对于西方，都不能够简单的看待，应该有一个复杂的、富有张力的视界和视野，也就是多元地来加以看待。无论是西方还是传统，它有好的方面，同时也有不好的方面，或者说我们不能接受的方面。我认为这二者才是知识分子应该在目前中国所做的工作。因为时代变了,环境也变了,任务也就有了变化。不像在改革开放之前和改革之初,我们的观念基本上还是一片空白,凡是西方传过来的就认为是好的,或者说当务之急是先把西方的东西传过来再说。而现在面临的是古今中西之变,我们要如何看待从古代中国到现代中国演变中的复杂性,不能单纯地说古代是坏的,现代是好的,当然也不是说古代就好,现代就坏,而是说它必然要演变,这里面有好有坏,我们究竟取舍什么。面对西方而言也是一样的,不能说西方就坏,那不对,说西方就好,那也不客观,这中间要有一个取舍。你至少要提出一套取舍的标准,你不一定观点正确,但是应该严肃认真地思考这个问题。因此,重要的是知识分子自己要有一套面对古今中西的立场,而且要说明我为什么有这个结论。知识分子的使命和责任就是有这一套标准,而这个标准大家可以讨论,可以反驳,但不能是简单的连标准都没有就开始"指点江山"、"乱开药方",这就比较肤浅了。

唐丹尼:按照有的人的看法,因为中国和西方国家有不同的历史,所以应该有不一样的政治系统。那就是说,中国的政治不适合西方的国家,西方的政治不适合中国。您如何看这样的看法?

高全喜:应该说,持有这种看法的人不少,但我是不同意这种看法的。我认为首先应该看到所有历史、制度乃至文化背后的共同基础——人性,这是一个不可否认的普适性基础和前提。而作为人,无论是中国人、西方人、古代人还是现代人,在作为人的基本价值和基本制度的诉求上是不应该有实质性差别的。不可偷盗,不可杀人,不可欺骗,维护人的基本尊严,追求美好生活,古代人难道不追求这个吗?不仅西方人追求,中国人也追求。因此无论古今中西,人在基本的观念与制度方面事实上是共享的。

我要强调的是,所谓观念和制度的共享,并不是说为西方人所独有,而是一个普遍性的东西。不过,西方曾经和现在在分享这个东西,西方人——以英国人、美国人为代表——在最近几百年在与世界其他文明所分享的这个普遍的东西,在制度安排上比较好,在它的历史上取得了成功,而这在中国历史上或者在当今中国则分享的不太好。这就不是泛泛地说西方好、中国不好,而是说西方分享的普遍性的东西比较合宜、比较得体,而在中国分享得就不太好。这样就能化解"美国的好,中国的不好"这种观念误区,而是认识到所谓美国好是它分享的那个东西比较好。但是那个东西中国也可以分享,并不只属于美国;就像天上的月亮,不是美国的月亮,也不是中国的月亮,那是人类共有的月亮。如果这样来看的话,就不存在什么中西差别。实际上这种普世的观点、主张,西方的自然法观念、基督教,中国的宋明理学也是如此。这就从理论上化解了你的问题,也是我想指出的第一点。

第二个方面是,指出中西在观念和制度上具有以人性为基础的普世性,并不是说中西没有差别。事实上,西方的个人与群体、历史和民族、国家观念和法政制度,都是在历史过程中展开的,他们可能最近三五百年,制度完善上做得更好一些;而中国在远古的时候,如三代之治时期,可能好一些,当今和近代则低劣一些。但是这在历史过程中是不断演变的,现在不好并不意味着中国就永远不好。在这方面,如果谈到如何看待中国的历史制度、观念和价值,我们只能通过历史的进步、逐步分享西方人曾经分享的那些价值和制度,我们照搬也罢,学习也罢,这可能是相当长时期的任务,但是我一直强调的是,如果学习西方,只想照搬那个东西的话,最后也不可能成功。无论中国还是西方,还是具有自己的特殊性。这就涉及普遍性和特殊性的问题了。一个人,中国人也罢,美国人也好,本身都是一个特殊性,你追求普遍性,追求体现在美国中的普遍性,你也不可能成为一个美国人,你最后还是中国人。当然,我觉得在这个问题上不必过分地担心,如果我去追求普遍性了,我去追求所谓西方的那一套人权、价值、制度安排了,中国的传统的东西,中国作为人类的基本的美德就要丢失了,我觉得也是不可能的事情。因为起点的时候你就是一个中国人,这个中国人的特性不可能在追求普遍的时候就没了。

举一个例子,我反对所谓“越是特殊的就越是世界的”这个命题。文化上人们经常说起“越是特殊的就越是世界的”,我觉得这是比较低级的逻辑;就社会的基本观念与制度来说,正确的表述应该是“越是普遍的就越是世界的”。因为要看你从哪里出发,如果是从每一个人出发,由于你本身就是一个特殊性,那么你越追求普遍的东西,你的特殊性越体现在这个普遍的东西上,你也就因此越具有你自身的特殊性。这样来看,越是追求普遍的东西,才越是世界的。现在中国有些人主张说“越是特殊的就越是世界的”,那这个特殊就变成只有中国单独拥有的那种特殊性,而那些所谓单独拥有的特殊性,实际上绝大部分都是糟粕。中国的很多传统东西都是西方世界没有的,也是世界其他地方所没有的,西方人历史上曾经狂热追求的有些东西也是一样。对此,关键是要看大家能不能共享、分享以及交流;如果不能拿出来共享和交流,这些东西就是应该被淘汰的东西,或作为一种猎奇放到博物馆中。所以只有越是去追求普遍的东西,才越是世界的,这个逻辑才站得住。因此,我主张“越是追求普遍性的就越是民族的”,而不是相反——“越是追求特殊性的就越是有民族的”，如果是这样的话，那普遍性就没了，这个民族性还有什么价值呢？

唐丹尼：有人提出这样的建议：用儒家来提供现代政治和道德的基础。有的支持这个看法的人比较保守，但有的很开通。您觉得中国的古代思想在现代的政治讨论中应该扮演什么角色？

高全喜：关于对待传统思想资源的态度，从中国最近二、三十年的思想动态来说，存在两种主要的观点。

一种是激进的启蒙主义或激进的自由主义，这种激进主义的立场相对来说比较反传统，认为传统都是比较专制的。这一激进主义立场可以追溯至五四运动，五四运动是激进主义在近现代中国反对传统的一个主要的表现形式。而改革开放之后的最近30年来，甚至在当前，相当多的激进主义还是对传统同样持批判态度。他们所反对的传统包含两个部分，一个是大传统，就是封建社会，主要是指辛亥革命之前的王朝政治；另一个则是共产党60年的统治。其实，中国的共产主义思想以及社会主义的理念，也是一种更为狂热的革命激进主义。当今的执政党存在着一个巨大的吊诡，它们的政治策略是极端保守的，但其理论基础却是非常激进的，仅仅是靠强大的权力把两者生硬地捏合在一起，然后辅之于利益分赃。

还有另外一种对待传统的态度，某种意义上甚至是对前一种态度的反弹。有不少人支持儒家，他们认为专制并不一定是儒家思想中的主要内容，儒家思想包含了诸如仁政以及其他与现代文明并行不悖的东西，这些未必都能以专制来涵盖。所以不但不应该批判传统，还应该把传统发扬光大，才能克服专制主义，以及自由主义的西化高调。在他们看来，自由主义显然不符合中国国情,把西方那一套价值和制度拿过来在中国肯定落实不下去。把中国传统的东西,主要是儒家的东西拿出来,加以重新诠释甚至阐发、重构,中国的主体性就得到了体现。当然,他们也认为马克思主义、列宁主义也是西方的舶来品,所以按照这种说法,西方就有两股:一股是自由派启蒙运动的,如法国启蒙运动,以及英美的宪政民主,等等,还一股是马克思主义、列宁主义,它们也是西方的。这两个东西都和中国传统不但不搭界,反而为中国的传统社会带来很多灾难。与之相比,传统儒家的东西就具有一种独特的优势,这既符合当今社会多元化潮流,也有历史的积淀基础。

我对上述两种态度都不完全赞成,我坚持的是中庸之道。我不赞同那两种激进主义,无论是自由派的激进主义,还是共产主义的激进主义。我不赞成,原因主要有两个。

第一,传统未必是他们说的坏东西,他们所批判与否定的传统,只是传统的一部分内容,但是传统中还有很多东西他们并没有说,或者说没有认真对待,传统中依然存在值得挖掘的诸多资源。一个传统、一个民族,能够持续三、五千年,能不断地存续和变迁,并没有像罗马帝国、伊斯兰等文明一般解体、灭绝,假如其中没有一点有价值的东西,没有一点聚拢人心的东西,甚至是没有一点符合天意的东西,怎么能存在下去呢?假如传统就是坏、就是一塌糊涂的话,早就完了。一个传统存在了几千年,这个存在本身就证明它是有力量的,而且是有价值的。在这点上,我对那两种激进主义实在不敢苟同。我认为应该尽可能挖掘传统中比较有价值的东西,这是我想说的第一个原因。

第二,具体点说,我觉得不能因为传统存在有价值的东西、值得挖掘的资源就变成复古主义、食古不化。对传统要辩证、理性地看待。中国传统中的那些经济制度、政治制度显然已经不行了,它们不能适应现代社会,不太适合自由主义期望构建出来的宪政、自由、市场经济以及法治这些基本的政治框架,所以我比较反对鼓吹传统中的政治制度。蒋庆、康晓光主张的所谓政治儒学,搞复古主义,我是不赞同的。我认为传统中依然值得挖掘的资源,很多是文化上的、精神性的、心灵性的、道德性的东西,这些不但应该虚心接受,而且应该能够补充西方传播过来的普适性的制度与观念的不足。把传统通过这种方式延续下来,我比较欣赏的是众多苏格兰启蒙思想家,尤其是休谟的思想。休谟是尊重传统的,如果你读政治思想史就该知道,麦金泰尔提到休谟思想的研究中有一个重要的命题叫做英格兰的复辟。麦金泰尔认为休谟的思想中有一个重大的错误就是他同情传统主义,但又主张市场经济,麦金泰尔认为是休谟把苏格兰带坏了,因为里面体现不出传统的苏格兰思想的美德,认为资本主义就是自私自利的。但是麦金泰尔显然没有触及问题的实质,实际上休谟和亚当·斯密认为在市场经济的过程中,是能够同时有美德的。这个美德从某种意义上来说和传统是相延续的,所以我认为应该把传统的文明、道德、心灵这些东西发扬光大。

总之,我认为对待传统要有个二分法:政治上的传统不赞成,但是文化的传统很好。自由派认为传统的东西,政治文化全都糟糕,对之加以彻底的批判;保守派则认为传统一切皆好,应该向传统回归。而我认为中国应该在政治上建立一套西方这三百年已经证明是比较有效的,也具有正当性的宪政民主制度,但是在这个制度下承载的文化是很难移植的,虽然中西文化可以共存,但是很难说美国文化在中国能怎么样。中国本身几千年的传统中的好东西，为什么不能在这样一个宪政框架下同样发扬光大呢？在新的制度下同样可以光荣，同样可以把文化中精彩的东西展示出来。并不是文化只能在过去的那一套皇权体制下表现出来，在现代民主政治下，传统文化中很多东西是完全可以呈现出来的。

我的这个看法很类似于我的导师贺麟先生，他是新儒家的代表人物，也翻译黑格尔的东西。他有一篇文章叫《中国儒家的新开展》，其中说到中国的“三纲五伦”。“三纲”就是“父为子纲，君为臣纲，夫为妻纲”，很类似于我说的政治那一套，等级森严、专制极权，因而当然是不好的；但是五伦是很好的。所谓五伦，就是仁义礼智信，这些就是很好的，无论是传统时代还是在现代社会，都应该建立起来。所以我的观点是，政治的传统可能要彻底改造，而文化的传统则应该保守发扬。

唐丹尼：您怎么描写自己的看法？您说自己是自由主义者，保守主义者，社会自由主义者，新自由主义者，右派的，左派的，等等？

高全喜：我很类似于保守的自由主义者。我欣赏的人物也是休谟这样的。休谟是托利党人？辉格党人？是拥护王权的还是拥护民主的？他其实是矛盾的。但是总的来说，休谟主张市场经济，主张法治，主张文明演进，那他显然就是自由派，但他又对传统，对家庭，对德行、道德也很关注，虽然他赞同光荣革命之后英国的制度，但是又对英国被杀死的国王很同情。

不久前我写了一个小册子《立宪时刻——〈论清帝逊位诏书〉》，类似于休谟对当时英国被杀死的国王的同情态度，我则是对被辛亥革命推翻的清王朝、满清的皇帝、皇太后很同情。在我看来，他们虽然是被辛亥革命打垮了，但是一纸《逊位诏书》，还包含了很多有价值、尚待发掘的东西，至少要对这个事件表示同情、表示理解，而且这个过程中他们确实也发挥了一定积极的作用，不能像革命派那样主张说他们该被打倒，恨不得把他们打倒得更加彻底才好。我的这种立场，在国内虽然不是主流，但还是得到了不少积极的回应。用中国的话来说就是“中庸之道”。我主张自由、民主、法治、宪政，但是我对传统也比较赞同，感情上也比较契合。所以如果归类，我既不像徐友渔那样，属于对传统持激烈批判态度的自由派；但我也不是像蒋庆那种的守旧派，更不是搞经济学的新自由主义。总的来说底色还是自由主义，加上一点对文明传统的尊重和同情。这种思想立场很类似于休谟，总的来说是一个自由派，但是又偏重保守，偏重于强调道德，强调对历史传统的尊重。

表面上看，这种思想立场，其中的内容相互之间存在张力，但是它们实际上所处的位置并不一样。对传统固然要加以强调，以及尊重和同情，但底色仍然是自由主义的，并不排斥自由民主的宪政国家的基本目标。我坚持认为，中国就是要建立一个自由民主法治的宪政国家，一个充满活力的公民社会的国家，这也是我多年来所坚持的目标。以当前的威权体制而论，应该将其中的专制成分逐步清除，专制主义的政党要退出历史舞台，还中华民族以正常的政党政治，实现目标的方式是渐进变革的。另外，中国的市场经济还是要继续推进的，但是在推进市场经济的时候还应该注重公民道德的建设。同时在中国社会的发展变化中，在与世界的交往中，介入到世界的秩序构造中。我们应该尊重几千年的传统文化，使之继续延续下去，这是每一位中国人的责任。

唐丹尼：那您认为民族主义在中国有什么未来？

高全喜：我专门写过一篇文章就是讨论国家利益中的民族主义问题的。我认为有限度的民族主义在任何一个现代国家都是既具有正当性，也具有必然性的主题，尤其是对于一些后发国家，像曾经经历过曲折发展过程的，甚至经历过西方殖民主义压迫的国家和地域，民族主义是一个不可忽视的现实。如果试图彻底克服它，变成所谓的无政府主义，或者变成所谓的世界共和国，则是不现实的，至少在可见的未来也是不可回避的。作为当今世界中最有力量的一股思潮，民族主义有其正当性、必然性以及现实性，你说没有、不存在或者不重要，或说他们完全错误，这是不客观的。所以第一，民族主义是客观的，比较有力量的一股思潮。而且不是昙花一现的，是持续的。尤其是对后发国家来说，是一股不可小觑的思潮。

第二，必须注意到，这种思潮包含着很大的毒素，应该予以节制，否则最终很可能会给本民族甚至世界带来灾难。但是用什么手段来节制呢？我认为应该通过法治。因为民主有时候未必就能节制，但是法治相对可以有效节制。民主有时候会强化民族主义，二者之间有时候不是对立的，很有可能是一致的。相对来说，一个法治的社会，由于其比较保守、比较理性，通过守护宪法的一些基本原则、制度设置和国际法的准则，就能够有效阻挡住民族主义的洪流。因为法治的基础是公民，公民的指向就是个人的权利和义务，指向更合理的国内政治制度，而不是把诉求指向对外。和民主相比，法治和市场经济更是民族主义的克星。对民族主义应该警惕，应该节制，应该认识到它包含的毒素，然后通过建立有限政府、宪政国家以及独立的司法制度来防范民族主义的过度扩张和极端化。

中国的民族主义往往和中国的近代历史相关。好在民族主义在中国的儒家思想传统中不像其他国家的文化那么强烈，中国的儒家思想并不助长民族主义的激烈性和极端性。我们的传统是比较讲究综合、讲究内敛的。相对而言比较可怕的是共产主义的传统，它们更容易强化民族主义。中国几千年的儒家传统并未助长民族主义，即便鸦片战争以后这段历史中国备受外强屈辱，但也并未激起特别极端强烈的民族主义情绪。但是共产主义的意识形态显然与此不同，中国的极端民族主义情绪如果有的话，也是共产主义传入中国之后的产物，二者的激烈态度在气质上倒是更为接近，它们结合起来产生的消极后果也就更为严重。

当然，民族主义和民粹主义又不一样。从目前中国的时局来看，国家领导层以及知识精英，对民族主义比较谨慎，并未特别鼓吹；但是中国当前又有民族主义和民粹主义结合的趋势。民粹主义主要是平民大众尤其是穷人的想法，其诉求本来是指向国内政治的，如经济平等、民主法治这些话题，但是由于现行体制的压制，没有一个畅通的表达渠道，就使这种指向国内政治经济问题的民粹主义在指向国际政治问题之时变成了一种变态的民族主义，如钓鱼岛问题、南海问题等。一旦受到具体事件的刺激，就使民族主义的激情向民粹主义靠拢，前景堪忧。因此，真正精英化的民族主义在中国并不可怕，也并没有多少实质性的内容，它总体上是比较理性和审慎的。捍卫国家利益是很正常的，它不是一种极端，大家都可以理解。现在的问题是，打着民族主义的旗号行民粹主义的东西，实质针对的是在国内的经济平等问题、民主政治问题，由于缺乏愿望表达和信息沟通的渠道，只能通过对外的形式宣泄出来。西方的观察家们应该理解这其中蕴含的吊诡所在,与其关注中国的民族主义,不如关注中国的民粹主义。

唐丹尼:您认为政治的改善应该怎么进行?

高全喜:中共成立新中国执政60年以来,最近的3~5年和未来的8~10年是非常重要的一个时期。因为这不仅是领导层的换届,而且是换代。改革开放是从第一代领导者到了第二代,现在则是到了第三代。这一代人具有特殊性,不再是第二代的过渡性,像江泽民和胡锦涛。一是他们的生活经历、生长经历很特别。他们既不是第一代那种战争时期的共产党人,也不是第二代成立新中国之后的工程师一代,未来这批即将上台的领导人,经历过"文化大革命"、上山下乡,曾经有过政治的冲动,参与过社会运动,而且很多人是共产党高干家庭出身,当然也有民间出身的,但他们基本上都经历过新中国成立后的政治社会动荡。二是这批人上来之后面临的形势也不同。国际方面暂且不论,国内经济经过30年的发展,累积了众多亟待解决的结构性问题,如贫富两极分化以及其他社会问题,是前所未有的。由于这两点,这个时期对中国未来的政治变革就十分关键。

总的来看,我认为中国可能会有小倒退,但大的方面不会倒退。小的倒退是指会出现威权,公民的政治空间可能更为狭窄,会出现一个短暂的威权时期,但在福利社会、民生工程和市场经济以及与国际接轨这些方面不会有大的变化。威权政治不会太长,恰当的机遇下可能会转向民主社会。但风险在于转向民主社会时能否维护国内疆域的统一,以及社会不会出现激烈的阶级斗争那样的灾难性冲突,现在还不好说。我预计未来10年,不会超过20年,中国肯定会完成民主化的进程。市场经济已经建设的差不多了,法治必然提上日程,这是未来一、二十年必然的方向。我比较担心的是,民主转型之际,国家是不是还能够有稳定的疆域,社会各阶层在变革中是不是会有大的仇杀和动荡。如果出现这种后果,则是最可怕的。所以关键就是要避免这种状况,途径可能在于要把法治的地位放得比现在更高。单讲民主恐怕是不行的,应该法治和民主同时进行。

我一直认为,法治是一个稳健的制度力量,而且法治比较保守,所以一旦民主政治形成,社会多元,有了不同政见之后,法治能够处理国家面临的分崩离析,和各个阶层相互的剧烈冲突。法治将有助于这一局面的解决问题。可是目前国内,民间自不待论,政府对法治讨论的也很多,但是真正落实的不够。香港是个殖民地,一直是没有民主,法治很好,很稳定,老百姓公民意识弱一些,但是正常的生活很好,就是靠殖民时代的法治。中国现在贸然启动民主,党内民主还好一些,一旦社会民主起来了,没有一个强有力的法治,就会很麻烦。我个人主张中国当局能真正切实地加强法治建设。如果威权时期和法治建设能有一个较短的结合,反而比单纯搞民主要更好一些,从长远来说对中国也更有利,直接搞民主很有可能带来一些大的问题。

我并不是反对民主,我只是说这个转型的过程中一定要强调法治。这倒未必一定要建立一个特别强调经济平等的社会。西方社会也一样,政治平等、经济平等都有一个缓慢的历史过程,只不过中国面临的问题是我们欠账太多,想在一、二十年内解决其他国家一、二百年面临的问题,要建立如此广泛的民主,无论是政治民主还是经济民主,这个制度能承受得住吗?民主我不反对,但我也不说太多,中国现有的制度未必能承受住民主释放出来的力量。民主虽然符合正义,但是它释放出来的力量有时候是很可怕的。现在如此脆弱的体制如果承受不住的话有可能就是一个灾难,所以我们更要鼓吹法治。

唐丹尼:中国政府在维持稳定方面花费巨大,您如何理解?

高全喜:在我看来,维稳是一个权宜之计。维护社会基本秩序,对任何执政者来说都是首要的问题。共产党作为执政党、威权政党,强调这个问题是必然的。从政治学的角度讲,这种做法是有道理的。然而,维护社会的稳定,最终要靠人民从内心信奉、遵守、服从这套制度。如果你对权力的控制得到了人民认同,维护稳定的成本代价就会很小。

唐丹尼:您觉得中国面临的问题在经济、政治、环境方面哪个是最重要的?

高全喜:中国面临的最重要问题还是政治问题。经济改革在中国已经不是问题了,而且经济问题的核心仍然是政治问题。因为在经济能够解决的问题边界已经到头了,存在的经济问题最终也只有政治才能解决。中国核心的问题就是政治体制问题,而且不是所谓的行政方面的问题,而是宪政制度的变革。

至于环境问题,那也是中国持久的问题,但不是最迫切的问题。我认为问题可以分为三种:一是重大而又迫切的问题,二是重大的问题,三是迫切的问题,它们属于三个不同层面的问题。环境问题是重大的问题,但不是迫切的问题,“非典”之类的事件是迫切的问题,但不是重大而迫切的问题。在当下的中国,重大而又迫切的问题就是政治问题,它和环境问题不是一个层面的东西。自然环境问题不光是中国的问题,西方社会也同样面临着这个问题,中国面临的实际上是现代化过程中的环境问题,西方面临的则是涉及后现代的问题，如克隆人、低碳等。我并不是否认这些问题，这些问题也是自然与人的关系问题，但与中国的环境问题不在一个时空维度和历史层面上。中国的问题是工业化过程中必然要出现的问题，或者说是西方曾经遭遇过的污染问题、资源问题，在很长时间内一直会困扰着中国。但这不是我们迫切的首要问题，迫切的首要问题就是政治体制问题。

唐丹尼：对中国的政治改革，外国应该采取什么样的政策？

高全喜：首先，我必须指出，西方国家对中国的政治体制改革不是特别关注，或者更为确切地说，西方不关注中国政治体制改革对中国人民的好坏，它更关注的是中国政治改革和西方国家的经济问题、社会问题，在国际社会中的地位问题，以及资源的争夺问题，文化的交往等问题的相关性。西方不是站在中国人的角度考虑中国人是不是幸福，它们是站在西方各自国家的立场上，这一点我们千万不要把它搞错了。

其次，西方人对中国的政治体制改革大致有这样的认识，即改革后的中国对西方会比较友善，经济上政治上可合作的空间更大一些。经济上可能有国与国之间的争夺，但是它们也不怕，因为欧美国家一样有国家利益之争，中国作为一个民族国家与他们有国家利益之争也没什么，这并没有增加多大程度的不好。中国的变革在很多方面增加了好的方面，尤其是在对世界秩序的构建方面，共同价值、共同观念更多一些，进而使得维持世界稳定、持续的国际合作更加密切，从这个角度来说西方国家总体上支持中国的改革。

最后，才是中国改革对中国人民有好处。但这个方面对西方来说已经不是首要问题了。我觉得我们中国人看待西方对中国的改革的立场，不能完全被普世价值和观念所迷惑。那只是某些善良的人们在抽象谈这个问题时所抒发的一些感慨和道义之辞。一旦落实到改革对中国政治政策、军事政策还有外交政策的时候，西方考虑的还是和它们国家的关系。西方为什么要支持中国改革呢？主要是它们有一个基本预测，中国改革对它们国家是有好处的，至少不比现在更坏。西方主要担心中国会变成一个苏联式的强大集权国家，会形成冷战，它们不愿意看到这一点。至少将来中国的政治改革会变成一个新欧洲，至少比冷战强。从这个意义上来说它们也支持中国改革。

所以，我们必须注意到，从政治学原理上来看，西方是一个双面体，既有普世性的自由民主内政，同时也有国家利益。美国一方面是一个自由民主国家，另一方面是对世界资源占据主导性。我们要看到这个双重性。我们可以从道德上说它不好，美国人民就认为它做得很好，美国政府是为美国人民服务的，它符合美国人民利益就可以了，它没必要符合中国人的利益，因为它是美国人选举出来的政府，它要把全世界的资源拿到美国去透支消费，这当然符合美国人民的利益。其他国家的人不能说美国不好，只能说自己国家为什么不做到像美国那样。就中国而言，就是要说中国政府应该做到美国那样才对，不能说美国不应该那样做。

唐丹尼：如果您要告诉美国人一个他们不知道的看法，您会说什么？

高全喜：美国人应该知道，中国这样一个国家在世界的兴起，无论是在经济上还是政治上乃至文化上对美国人民来说都不一定是一件坏事，也能够为美国提供多样性的前景。尤其是在现在这样一个多元时代，中国和美国在经济生活以及世界秩序的建构方面有互补性。实际上在世界秩序构建、提供世界公共服务方面,美国独立承担越来越难以为继,中国加入为世界提供公共服务,当然大家共享公共服务的利益,不是挺好么?中国目前是希望能够进入这样一个体系中,与美国能够公平地交流与博弈。

美国人应该关注中国两个方面,一个是应该同情地理解中国传统,像古希腊罗马文明一样,中国也有过灿烂的文明。另外,我个人希望美国能对中国的宪政民主进程给予更多关注。当然,这对老百姓来说实在是太复杂了。对普通民众来说,他们只是简单地认为中国这种文化形态对美国是挺好的,中国不但能生产制造,实际上中国也有很好的生活理念、生活方式。你们看到了中国的功夫电影,但中国真正高明、精华的东西,你们未必见过,你们看到的只不过是中国文化中的低档东西。中国文明的卓越之处,还有待于两国人民在未来的持续交流中,由美国人慢慢体会。中国文明中有很多博大精深和精湛美妙的东西,但肯定不是中国功夫,也不是中国菜,目前你们接受的中国制造并不代表真正的中国,看到的影视作品也不代表中国。例如,以中国的士绅为例,这个独特的群体并不是流浪诗人,他们饱读诗书,为官做人,领袖一方,其精神生活,林语堂有一本书叫《苏东坡传》,可谓写得淋漓尽致。慷慨激扬,宁静致远,这才是中国人的真精神。如此风度,美国人可能还不知晓。所以,我要说,中国是一个有历史的文化民族,而历史就是力量。

中国话语的"法眼"

高全喜　宋学鹏

20 世纪 90 年代以来,西方媒体开始用"中国威胁论"来讨论中国国力逐渐强大的状况,到 2007 年,人们开始提"大国",用"中国崛起"来说明中国快速发展的经济,再到最近两年,中国政府开始有意识地推出"中国形象",以在国际社会中,向世人展示一个繁荣、自信、亲和的国家形象。中国作为"大国"和对中国形象的话语描述一致在变化着,而中国在自身意识方面,也在积极构建自己的形象和话语。

虽然中国现在经济上已是跃居世界第二大经济实体,但在今天全球经济衰退的大背景中,由于受制于自身的政治改革和社会转型的羁绊,中国似乎陷入了一种深刻的"崛起之惑"。所以,围绕中国之"大国崛起"的"中国威胁论"、"中国责任论"、"文明中国论"、"宪政转型论"在海内外风起云涌,中国内政、外交很快进入"不折腾"的战略守势。中国在经济上继续高歌猛进的同时,如今各方势力对中国前途的设计与影响更趋激化。正因此中国话语的思考、构建也成为当今颇为凸显和重要的议题。

对于这一切,高全喜教授在访谈中提到:“我觉得对于现代中国人来说,如何从内政上厘清一个大国与强国之间的本质性不同,如何在外交上看待国与国之间的责任关系,这些都需要我们有一双‘法眼’。”

“法眼”,可谓中国话语的点睛之处。

中国话语:中国与世界的对视

宋学鹏:2012 年是一个不平静的年份,可谓多事之秋。不仅我们国内,世界范围内的经济和社会发展都遇到前所未有的挑战。欧债危机让整个欧洲充满寒意,美国除了要解决国内问题,还要面对政治与军事上伊斯兰文化高涨的仇恨情绪,世界各地很不平静。这些情况让如今西方在整个世界力量格局中处于守势,与之形成对比的是中国崛起。但现在我们也面临进一步深化改革和社会转型问题。所以总起来看,整个世界在 2012 年,有一个矛盾遍地爆发的状况。

如今崛起而复杂的中国比以往更为受到世界的关注和研究。所以,在谈中国话语的建构之前,我们先来谈谈西方世界对中国的认识。就您的研究来看,您觉得西方世界对中国有哪些认识模式?

高全喜:如果从思想层面上来考察,西方关于中国的研究大致有三种思想模式或三种理论路径在起着主导性的引擎作用。

第一是偏激的保守主义的政治理论。我们知道美国主流的思想意识形态中,有一个源远流长的保守主义传统,这个保守主义在小布什执政时期表现得日渐偏激,它以不同文明价值的敌友对抗论来构建有关世界格局的图景。依照这种保守主义的思想观念,中国作为一种异质性的文明,随着30年的发展业已成为一个世界性的大国,对西方的文明秩序构成了某种挑战,因此,基于西方价值的中心论,遏制东方中国对于西方价值的颠覆,就构成了这派保守主义的一个基本战略。当然,按照这套理论,不单是中国,甚至不主要是中国,他们还有另外一个更强大、更持久的敌人,那就是伊斯兰文明,以及由此产生的现代恐怖主义。

第二是传统的现实主义的政治理论。无论采取何种说辞,现实主义在西方世界尤其是在英美,其实是占据官方外交的主导性地位的,这派理论并不以文明价值之争为中心,也不以意识形态分野为要点,而是强调国际关系中的权力结构,尤其是关注国家权力之间的对抗性本质,从国家利益的视角来看待世界格局的未来发展图景。例如,以米尔斯海默为代表的极端现实主义,就把中国视为未来美国的一个强大对手,他们认为中国的发展很可能使得中国成为一个与美国并列的超级大国,因此,对中国采取遏制甚至对抗的战略是有利于美国的国家利益的,也是有利于现今美国主导的世界格局的。

第三是自由民主主义的政治理论。自由民主是西方意识形态的主流,在这派理论看来,世界未来的基本朝向是民主自由的和平发展愿景,是康德意义上的世界永久和平,因此,他们寄希望于中国的和平演变,以促进未来的世界主义自由民主。中国30年的变革以及当今的大国地位,在他们看来具有着两个方面的意义,一方面是为中国进入当今世界的自由民主格局提供了一个经济、政治与文化的基础条件,但是另一方面,由于中国尚没有建立起一套有效的法治和民主秩序,又使得这种未来的前景是不确定的,甚至是充满着风险的。因此,如何防范中国的风险,推进中国的颜色革命,就成为这派理论的中心内容,如果说他们对于中国的认识有某种焦虑的话,其焦虑的症结还是在于这种不确定性上,至于国家间的关系,以及政治、经济、贸易、文化、科技等方面的交流、摩擦乃至冲突等,在他们看来,都是可以在自由主义的国际架构下,通过法律机制和商谈探讨的办法得到妥协性的解决,并不构成实质性的对抗。

宋学鹏:这些认识模式都有不同的侧重和视角,但共同之处是对当下中国不完全认可和接受,中国的崛起引发了不同群体共同的担忧。而针对这个问题,中国提出了和平发展与和平崛起的方略,但国际社会的担心并没有太大的改观。所以就产生了一种"对视"状态:一方面,美国和西方世界警惕性地"冷眼"关注中国的发展;另一方面,国内激愤的民族主义情绪与之相对地"红眼"仇视,最近发生的激进的爱国主义也表明这种思维方式很不成熟。您觉得在这种局面中,中国应该怎样寻求一种积极而理性的话语方式?

高全喜:在中国的理论界,尤其是在舆论界,有着一种普遍弥漫的对抗西方、反对美国的观念和意识。甚至在某些时期形成了一种主流的话语。对于这样一种隐含着民族悲情的言辞,应该予以审慎的对待。在如何处理中国与世界的关系问题上,究竟是争锋还是共融,这是体现着一个民族政治成熟与否的关键问题。在这个问题上,如果我们不能够审慎而又富有建设性地对待的话,往往会导致重大的灾难。

中国的发展必然会引起世界格局的变化,从某种意义上来说，它会打破现有世界格局的利益平衡，与此相应，西方出现了中国威胁论等不友好的论调，有人把中国视为是世界未来秩序的破坏者，对中国采取围堵打压的政策。对于这样一种西方中心主义和美国霸权的心态，我们确实应该给予义正词严的反击。从这个意义上讲，争锋的主题是值得肯定的。

中国人要有自己的自主性，要在世界中形成自己的话语权，要捍卫自己的国家利益。这是任何一个民族和国家在现代世界格局中所应有的国家权利，而且这种权利是为联合国宪章所肯定的。通过大国崛起，通过唤起与世界主流国家的争锋而激发民族精神，捍卫我们的主权权利，对抗西方对中国的不友好的围堵政策，这是大国崛起的题中应有之义。

但民族悲情又需要给予理性的节制。我们知道任何一种激情都容易走向极端，哪怕是民族精神这样一种合理的激情也都容易走向极端。如果不能给予一种理性的节制和审慎地对待，如果不能化激情为理性的思考，它会沦为一种即时的喧嚣，会导致国家理性的不成熟。因此，对那种与世界争锋的民族悲情，尤其是民间多少有些民粹主义色彩的狂热，又应该给予理性的分析与批判。

在中国与世界的关系问题，在如何看待当今中国的崛起与世界关系的问题上，要采取一种建设性的态度，理性而审慎地思考如何融入国际社会、与世界和平共处，并共同创造一种新的世界格局。基于激情的争锋话语只是一种表面现象，在其背后，应该有一种建设性的国家战略，在融入国际秩序的同时，应该有一种大国责任的担当。

宋学鹏：实际上，中国近几年来已经开始注重国家形象的塑造和宣传,比如去年,中国国家形象宣传片在美国纽约时报广场的大屏幕上亮相,向世界传递了一个和平、友善、人民勤劳、文化丰富的大国形象。但给人整体感觉这仅仅是一个富有“特色”的中国,这中间似乎又缺失点什么,比如中国经验中能给世人的更为普世的东西。

高全喜:这些年来,我们的政治智慧是非常不够的,本来30年或者60年的成就是足够伟大的,有很多可圈可点的经验。但是,我们硬要把这个经验说成是一个特殊性的东西,只有我们自家才有,而拒绝把它们说成是一个普遍性的东西,为什么要这样呢?我觉得英国人和美国人就很会说故事,他们的成功在很多方面得益于他们的独特性,但人家很会说故事,硬是把这些说成了一个普遍性的东西,说成了人类历史的大局势。哪怕你不信他的这个说辞,但他们在国际秩序的构建中,已经占据了道义上的先机。

我们为什么不能够把中国特色普遍化呢?这对我们有什么坏处呢?由中国讲一个人类的故事,在这国际关系中,显然利大于弊,古人尚有人类大同的理想,而我们却要拒斥普遍价值,搞什么中国特殊论,这不是自绝于人类文明吗?中国是特殊的,谁还跟你打交道?

中国话语:寻找现代中国的政治合法性

宋学鹏:现在中国是GDP世界第二的国家,是名副其实的经济大国。“经济大国”不等于世界“大国”,在您心目中,真正的大国是什么样的?

高全喜:在人类现代政治史中,尽管出现了多个大国,但是,如果较真的话，真正过硬的大国，现代历史中只有两个：一个是英国，另外一个就是美国，这是两个持续占据世界主导地位的内政优良的大国，他们各自构建了一个世界范围内的属于自己的历史时代。

他们实实在在做出了一种政治成熟的拟制，那就是为自己的盎格鲁·撒克逊·美利坚的价值裹上了一个普世性的外衣，把自己的故事说成了人类共同的故事。当然，在两个真正的大国之外，现代政治中也还涌现出其他一些光荣的大国，如早期的西班牙、荷兰，还有法国、德国，乃至俄罗斯、日本，等等，但在我看来，这些所谓的大国与英美相比，着实差了一个数量级，他们或者由于自然禀赋如人口、地域规模过小，或者由于政体制度低劣、政治智慧欠佳，或者由于历史机遇的错位，等等，终究没有成就为占据世界主导性的大国。

宋学鹏：可以说，英美两个大国，在处理个人自由、国家利益、帝国主义和普世主义等多重复杂的政治关系问题上，已经积累了很多的经验，这些值得我们认真对待。

高全喜：国家建设是一套国家技艺，中国有五千年的文明历史，我们不怕学习西方曾经或现在仍然占据主导的那些大国的治国技艺，构建自己的国家，建立自己的政治主体，这是我们真正实现大国崛起的出发点。

宋学鹏：从这个出发点开始，我们要去构建中国话语，需要我们去追寻国家逻辑，也就是我们现在的大国崛起、中国的国家建设，其内在的政治逻辑究竟是什么？

高全喜：在这里，我想特别强调这个古今之争的问题，也就是说，中国的国家战略，或大国崛起，不是恢复古典王朝旧制，而是创建新型的现代国家,在现代国际秩序中构建我们的共和国。

我们与西方大国共处一个现代时空场景,但各自的问题是迥然不同的。如果从现代政治与现代世界的视角来看的话,那么中国国家建设的政治逻辑,就有一个时间与空间的错位在折腾着我们,不是我们要折腾,而是历史在折腾我们。我说的这个错位是指:从政治空间,或从共时性的视角来说,我们与西方社会共处一个时代,共同面对,并且共同进入现代国际秩序的现场,但是,如果从时间政治,或从历史性的视角来说,我们的国家建设又在很多方面必须面对早期现代的建国问题,而这些问题在西方国家那里早在几百年前就已经陆续解决了。

从深层的政治逻辑来看,我们的国家崛起所对应的问题是一个早期的国家建设问题,就其来说,几百年前的西方各民族国家的经验教训,对我们具有更为密切的警示意义。

宋学鹏:在这样的复杂情形中,您觉得中国话语建构和中国崛起的关键问题是什么?

高全喜:重新构建现代中国的政治合法性。任何一个国家,作为一种文明体,必须具有赖以立国的政治合法性,这里涉及国家的道德问题,或者说,涉及一个国家的政治正当性的立国根基问题。我觉得,党中央提出的政治文明这个议题,暗含着的实质就是这个政治正当性问题。何为文明?何为政治文明?说到底,就是一个国家的政治是否具有合法性与正当性,具有统治的道德基础,就现实了政治文明。古典政治,无论中西方,如中国的一家一姓之王朝,还有古希腊罗马的城邦国家,也都讲正当性问题,不过古典的讲法与现代政治不同。现代政治的道德根基在于人民主权,或者说,现代政治的国家构建,是人民共和国。统治者不过是人民的公仆,是人民授权来治理国家。我们看到,英国式的现代代议制的议会主权,美国罗斯福总统所谓的“民治、民享、民有”,中国孙中山先生的“三民主义”,中国共产党的“以人为本”,说的都是这个现代国家的政治道理。

问题在于:如果说的是一回事,干的是另外一回事,那就是现代政治的悲哀了。关键是要看是否有一套行之有效的国家制度,即政治制度、法律制度来落实上述的人民主权原则。如果真正做到了言行一致,制度到位,那么一个现代国家就必定是一个强大的国家。因为,这个国家是真正为人民服务的,是得到人民拥护的,人民在这样的制度下就能够全部焕发出作为一个公民的力量。我认为这样的国家建设,是一个大国之所以成为大国的基础,或者更准确地说,是一个大国的内政基础。

我们看到,不管别的国家以及别国的人民如何看待英国或美国,至少,他们自己的人民是把他们的国家视为自己的安身立命之所的,这是两个历史性与世界性大国的关键所在。即便在当今的世界性金融危机中,美国受到了全世界人民的指责,但我想美国人民是热爱他们的这个“坏”的国家的,这是他们的爱国主义。他们的国家不惜用掠夺别国的财富来保护他们的国民。由此我们就可以知道美国之所以强大的道理了,他们真正是在为他们的人民服务。从美国的做法中,我们可以反观中国。

所以,大国崛起,首先根本性的问题是自己国家的内政建设,是人民主权的制度落实。

中国话语：成为真正“内政优良”的法治之国

宋学鹏：记得您曾经讲过，政治是一种审慎的技艺，需要政治上的实践理性和一个民族的政治成熟。支撑一个国家把握住自己命运的是一个民族的政治成熟。可以说，现在的中国面临着一个很大的问题就是能否经由经济成功而走向政治成熟。您觉得这个转变如何实现？

高全喜：在近二百年的中国近现代历史中，我们的国家建设屡屡受挫，虽然其中的原因是多方面的，但法治不彰显然是一个根本性的原因。要说，我们不缺乏奋斗的勇气、革命的精神和爱国的激情，也不缺乏建国方略、五年纲要和十年规划之类的一系列政治、经济和文化的方针政策，但令人遗憾的是，我们少有法治主义的保守和审慎精神，少有法治国的恒久的建设目标。

因此，建设一个法治国便成为首要的国家主题。法治昌明，政体稳定，人民才有追求财富的欲望和恒心，国家的税收才源源不断，公民美德才得以光大。对此，休谟曾经有精辟的论述，他说：“在所有杰出的留有难忘成就的人物中，首要荣誉看来应属于立法者和国家缔造者，因为他们为保障后代的安宁、幸福和自由，留下了法律制度和政治体制。”

我认为，强国梦的关键在于法治，只有法治国才能成就一个真正的大国，一个在当今全球化时代的强国。建设一个强大的国家，必须有凝聚力，有支撑一个国家的法律和政治制度。从人类历史的经验来看，凡是真正的持续强大的国家，而不是消耗型的短暂的所谓一时之强国，必定是一个法治国。中国的现代政治已经有150年的历史，鸦片战争以来，我们从一个王朝政治转向一个现代民族国家，从政治逻辑上看，我们中国的现代国家构建还远没有完成，或者说，还刚刚开始。一方面，我们的政体制度还不是很优良，还需要从内政上优化我们的制度建设，但另一方面，我们又必须参与世界秩序，在此我们面对的是新帝国主义与普世主义双重的张力对我们构成的挑战。在这样一个内外的艰难条件下，如何构建一个优良的政治体，并在参与世界秩序的过程中捍卫我们的国家利益，这是摆在我们面前的攸关问题，需要我们高度的政治智慧。

在与世界的竞争中求得和平共处与共同繁荣，在特殊性中发扬普世主义价值，我觉得这才是一个民族的政治成熟，才是一个历史民族的文化果实。但是，在当今的中国思想界，却缺乏这样一种审慎的理性态度，这不能不说是一件令人遗憾的事情。

宋学鹏：现在可以说，处于转型时期的中国社会已经到了一个重要的关口。无论是百年的民族悲情，还是全球化的外部背景，都聚焦在一个重要的关键点上，那就是改革开放的30年在古今中西的交汇中，今日的中国究竟向何处去？这个转型的时代，已经到了一个非常关键的时期，这个时期既可以说是一个最为困难的时期，又可以说是蕴含着新的生机的时期。因此，在您看来，如何才能寻找到一条新的道路，巩固30年改革积累的积极成果？如何消化30年改革所积聚的巨大的矛盾和危机？

高全喜：谁都知道，中国近现代的社会发展，尤其是30年来的经济变革和社会变革，使得中国现有的社会机制已经根本无法承载日益严峻的社会矛盾和冲突。对于这种不确定性，不同的人会有不同的看法，在我看来，这种不确定性的根源，实际上最根本性的是在于我们没有建立起一个真正公平正义的有效的政治制度和法律制度,因此没有一套理性的制度来逐渐地有效解决各种各样的社会问题、经济问题、政治问题甚至国际问题,因此,诱发了激进主义的狂潮。我认为关键的问题是在上述保守主义和自由主义的背景之下,致力于宪政和法制的建设,致力于制度的改良和优化,建立一种优良的政体制度,通过这种政体制度来建设性地解决积累起来的150年尤其是30年的诸多问题,从而消化这种不确定性。

宋学鹏:对于这些问题,似乎文化被看成一种重要力量,包括政府的许多举措,比如在全球设立孔子学院,文化"走出去"战略,还有传统文化和国学的复兴,等等,文化软实力一下子成为了一种主导力量。对此,您怎么看?

高全喜:这就是当今的思想界另外一种声音,那就是过于看重文化问题,用文化政治来取代宪政和法制,用文化主体性来替代宪政建设、民主建设和法制建设,我觉得对此我们应该抱有足够的清醒。首先,在前面我所论述的自由主义、保守主义、法治主义的框架之内,我们并不是不要文化,不要文化主体性,我们也目睹道德沦丧、文化堕落是中国目前存在的问题之一,也呼唤着一种德性政治和传统文化的自信心,也希望在世界中建立起中国的文明主体性。

但是,我认为只有在宪政、法治、民主的大框架之内,中国的道德问题、文化问题、主体性问题才能够从根本上得以解决,才能够真正富有成效地建设起来,而不是一种空谈和议论。确实,在制度建设的同时,复兴我们的民族文化,提倡美德政治和传统生活方式的多样性,等等,这些都是我们共同的期望,在这一点上我从来没有把这一个文化道德层面的东西割裂开来,并视为无意义的东西。但是，为什么我们一直认为对这个问题要保持足够的警惕，要低调处理，因为我们看到了问题的另外一个方面，那就是很多人在那里浪漫性地、想当然地过分强化文化、道德的作用，甚至用提倡文明复兴和传统主体性的建设，用文化政治来替代甚至取消制度建设、宪政建设、法制建设。他们企图通过重新焕发民族的文化认同就能够解决现实的问题，在世界上就能够确立中国的大国地位，就能够推行中国的生活方式，并赢得真实的尊重。

在我看来，如果没有宪政建设、法制建设和自由主义的政治制度的改革，没有把活的中国传统的大智慧容纳到制度建设的层面上，那种空泛的文化保守主义，那种关于道德主义的高调只能是一种表面的议论而已。因为谁都知道，中国目前的道德败坏、文化堕落，并不在于文化本身，我们传统5000年来的文化传承赓续，曾经有过辉煌的时期，这个文化到了现在为什么堕落了？不单单是因为文化本身腐坏了，人性的堕落，道德的沦丧，文化的流俗，恰恰是因为当今中国的某些制度弊端所造成的。所以，我们只能够通过制度重建来催生我们曾经有过的生机勃勃的文明和文化。这里绝不是制度决定主义，而是在特定历史时期，对我们所面临的时代问题的理性认识和审慎把握，也许在不远的将来，制度优良了，日常政治成为运转优良的制度，那么，文化道德问题的表彰就会凸显起来，它们的风范神仪就会展现出来，那时制度问题就会退在幕后。当一个制度退隐幕后的时候，恰恰才是这个制度真正给它的人民带来福祉的时候。

所以在当今时代谈制度变革、自由主义、宪政建设、保守主义，就是为了给未来的文明复兴奠定一个制度的基础。如果像某些人那样的忽视甚至排斥制度建设，企图用文化来化约政治，最后导致的只能是文化的空泛说辞以及激进主义的叛逆,这样的一种情况显然使我们根本无法成就一个大国,并且融入到中国与世界的良性共融之中。

宋学鹏:总起来说,中国话语的构建和根基寻找离不开当下的法治建设。这一"内政优良"既可"安内",又可在国际上承担"大国责任",赢得国际社会的欢迎。美国的多位领导人都曾表示,"美国欢迎一个自信、和平和繁荣的中国的崛起",希望中国"能够并且愿意将它正在增长的力量和国际责任结合起来"。所以从内到外,中国作为大国的崛起和中国话语的建构,都需要有一个大国的"责任"在里面支撑。最后,请您结合内外环境,就中国话语建构中的大国的"法治"、"责任"来具体谈一谈,作为我们对话的结束和小结。

高全喜:我们看到,无论是从内政还是从外交来说,国家责任都是我国目前面临的一个中心课题,而这一切又都必须依靠法治,法治国是实现国家责任的基础。在国内政治领域,作为国家的治理者和领导者,它的权力是人民赋予的,有责任保障人民的权利不受侵犯,有义务维护政治、经济和社会秩序的稳定、和平与安宁,有责任和义务惩治腐败,建立廉洁、高效的法治政府。在对外关系方面,随着中国的日益强大,关于中国威胁的论调甚嚣尘上,对此,我们虽然提出了和平发展与和平崛起的方略,但国际社会的担心并没有太大的改观。这是为什么呢?在我看来,关键是法治还没有落实到位,也就是说,由于怀疑我们还不是一个法治国,所以对于我们的承诺,国际社会还大多视为政治上的表态。

在当今世界,所谓大国责任,最基本的是意味着法律上的责任,即一个国家在法律制度上要承担的国际责任。它首先要求的是一个法治政府的存在，一个遵循法治的国家，才可能是负责任的，否则无论如何表白，都具有权宜之计的性质。因此，和平发展也好，和平崛起也罢，关键在于要切实地建设一个法治国家。就近代世界历史来看，到目前为止，还没有出现过两个民主法治的国家开战的事件，所以，所谓民主和平论就成为了当今和平论的一个主流理论。无论从近期的国家事务还是长远的民族未来来看，世界和平对于中国来说都是非常必要的，因此，我们有理由把法治国的建设置入国际环境的大背景来考虑。

当然，中国在国际事务做负责任的大国，并不意味着要与美国一致，但也不意味着非要与美国对抗。关键在于要做一个具有独立主体意识的国家，而这个国家意识不是某个人或集团的一己之私，而是国家利益，是法治下的国家人格，体现的是人民的意志。

自20世纪70年代末、80年代初，中国走上和平崛起发展道路以来，中国共产党就始终坚持把发展社会主义市场经济同建设社会主义民主政治、法治国家以及先进文化与和谐社会结合起来。我们有理由相信，只要我国坚定不移地走法治国家的建设道路，我们就有可能建立国家的自主性，从贫弱的大国走向富强的大国，走向对内对外都负责任的自由的大国。对此，我们期待着，并竭诚参与身边的法治建设工作，这同样也是我们作为一个国家公民的公民责任。

图书在版编目(CIP)数据

寻找现代中国:穿越法政与历史的对谈 / 高全喜著.
—北京:法律出版社,2014.10
ISBN 978-7-5118-6833-6

Ⅰ.①寻… Ⅱ.①高… Ⅲ.①政治—研究—中国—现代 Ⅳ.①D6

中国版本图书馆 CIP 数据核字(2014)第 206185 号

寻找现代中国:穿越法政与历史的对谈	高全喜 著	责任编辑 高 山 李峰沄 装帧设计 乔智炜

开本 A5　　**印张** 8　　**字数** 169千
版本 2014 年 11 月第 1 版　　**印次** 2014 年 11 月第 1 次印刷
出版 法律出版社　　**编辑统筹** 学术·对外出版分社
总发行 中国法律图书有限公司　　**经销** 新华书店
印刷 固安华明印业有限公司　　**责任印制** 陶 松

法律出版社/北京市丰台区莲花池西里 7 号(100073)
电子邮件/info@lawpress.com.cn　　销售热线/010-63939792/9779
网址/www.lawpress.com.cn　　咨询电话/010-63939796

中国法律图书有限公司/北京市丰台区莲花池西里 7 号(100073)
全国各地中法图分、子公司电话:
第一法律书店/010-63939781/9782　　西安分公司/029-85388843
重庆公司/023-65382816/2908　　上海公司/021-62071010/1636
北京分公司/010-62534456　　深圳公司/0755-83072995

书号:ISBN 978-7-5118-6833-6　　**定价**:35.00 元
(如有缺页或倒装,中国法律图书有限公司负责退换)